大国金融

大国经济需要大国金融

POWERFUL FINANCE　　　张秀娟 著

经济管理出版社

ECONOMY & MANAGEMENT PUBLISHING HOUSE

序一

大国金融崛起，需要战略思维

一位西方政治家曾经说："如果你控制了货币，你就控制了全世界。"此言之坦率令人吃惊，却也一语中的！中国已经成为全球经济大国，全球金融危机后，中国加快了发展全球经济大国的步伐。但我们的经济密度还较小，表明我们这个国家很有潜力。一方面，要把握金融危机后的货币体系多元变革趋势，加快人民币国际化步伐；另一方面，要建立与之相匹配的金融体系，作为金融崛起的保障。

全球货币体系改革带来的一大机遇是人民币国际化。以美元为核心的单极货币体系有很多缺陷，显而易见需要改革，而且也具备了改革的条件。以前人们常说 G7，后来俄罗斯加入，变成了 G8。金融危机后，世界经济需要新兴经济体的加入，形成了 G20，中国的话语权显著提高。后来又出现 G2 的概念。G2 既是对中国的赞扬，也是对中国的一种预期。尽管从战略意义上看，两国集团时代远未到来，中国还没有那么强大，但是从 G7 到 G8，到 G20，最后到 G2，反映出中国实力的不断强盛。从单极走向多元，将是这次国际货币体系改革的基本方向，也是未来国际货币体系形成的基本特征。人民币是继美元之后未来非常重要的国际性货币，拥有人民币的多元国际货币体系对于未来全球经济的发展和金融体系的稳定具有战略价值。事实上，根据环球同业银行金融电讯协会统计，在全球贸易融资中，人民币已经取代欧元成为仅次于美元的第二大最常用货币。

金融崛起战略思维的落脚点还在于建立与之相匹配的金融体系。与发达国家相比，中国的金融体系比较落后。教科书认为，中国要构建一个以中央银行为核心、以商业银行为主体、多元金融机构并存的金融体系，这是对现实的概括，而现代金融体系的核心就是资本市场，只有它发展起来了，风险才能流动起来。中国资本市场改革除了理念要正确，政策也要恰当。供给政策并注重供给与需求的动态平衡，是发展中国资本市场的政策重心；不断开放、提升中国资本市场的国际性是关键；提高透明度、改善中国资本市场的投资功能是基础；此外还有市场化与实体经济的增长、产业结构调整和增长模式转型之间的结合。

为大国金融崛起、实现强国梦想计划，《大国金融——大国经济需要大国金融》一书给人民币国际化和建立金融体系提供了一个广阔的视角，从以下八个方面予以阐释：

一是世界金融现代当代史。这部分介绍了英镑、美元、日本金融业的发展情况，以及中国对金融强国的不懈追求，旨在说明金融博弈的成败反映一国综合实力的强弱，强调中国崛起是一种必然选择。

二是世界金融领域的剧变风暴。国际金融危机爆发后，中国经济企稳回升的势头更引人注目。但国际金融危机带来的教训和影响是深远的。痛定思痛，旧有的经济发展模式不再适应当代的经济发展，全球经济格局也必将调整，探求一条可持续发展的振兴之路显得尤为迫切。

三是当今世界金融博弈格局。21世纪国际金融格局产生了诸多变化，尤其是中美之间的金融博弈与合作、亚太地区形势对于中国的机遇与挑战、特别提款权的未来前景，以及其他国家和地区的金融博弈等。在这些变化中，中国成为了国际金融格局中的重要角色，发挥了越来越重要的作用，从而推动了地区和世界经济的发展。

四是大国崛起的中国金融战略。大国崛起要有大国金融战略的配合与支持。中国的金融战略应研究金融战略与地缘政治形势，积极发展友好合作关系；建设资本市场，为经济建设输送血液；建立健全金融市场体系，保障经济崛起；改善融资条件，帮助中小企业突破融资困境；打破"国富民穷"的格局，实现藏富于民；正视全球经济及能源新局势，制定和实施能源战略。这是我们的发展之路。

五是人民币国际化趋势。人民币国际化趋势是市场选择的结果，原因有以下几个：中国具有较大的经济规模和持续的增长趋势；中国经济开放度较高，在世界经济中占有重要地位；国际交易者尤其是中国周边国家对人民币有较强的信心和较大的需求。这些主客观条件决定了人民币必然在世界货币体系中发挥越来越重要的作用，并促使人民币最终成为国际货币。

六是亚投行彰显大国金融崛起抱负。亚投行的创立是我国争取国际金融话语权、降低外汇储备风险的重要举措。亚投行将为中国营造一个和谐稳定的外部环境，将为"一带一路"与人民币国际化保驾护航，将有助于解决中国产能与外汇储备两大"过剩"问题，将促使中国在国际经济金融舞台上获得更大的话语权，从而彰显大国金融崛起抱负。

七是"一带一路"撬动金融业大盘。"一带一路"战略构想不仅明确了对外开放的新路径，同时将成为中国经济新的增长点；随着"一带一路"沿线国家经贸往来的不断扩大，对金融服务的需求势必进一步增长，将撬动金融业大盘。

八是大国金融贵在诚信的金融文化。实现由金融硬实力平面扩张的金融大国向金融软实力立体提升的金融强国转变，需要加强金融文化建设，这是一项打造大国金融的"灵魂工程"。应当不懈地探索金融文化的精髓，健全现代金融文化体系，以金融文化的繁荣带动中国金融业的发展，以金融文化的繁荣贡献于文化建设的发展和繁荣。

大国金融崛起，需要战略思维！本书通过对国内外金融发展的历史进行经验系统总结并提出自己的见解，相信可以从战略高度上帮助中国金融业把握未来发展，以实现大国金融崛起的强国梦想。

序二

中国资本市场的未来

在写作本书的时候，脑海中有一个兴奋点一直在闪耀，这就是中国资本市场的未来。而完稿之际想到"四个全面"（全面建成小康社会、全面深化改革、全面依法治国、全面从严治党）这一战略布局时，这个兴奋点被引爆了！资本市场是现代金融体系的核心，承载着"金融强国"的梦想，令人欢欣鼓舞的是，"四个全面"战略布局的提出，为中国资本市场未来良性发展提供了强力保障！

一场更为深刻影响社会政治经济生活的变革扑面而来，甚至触手可及。那么，在"四个全面"远大战略布局的实施中，资本市场即将发生怎样的变化？它会被赋予怎样的角色和历史性担当？

☞ "全面建成小康社会"托起"股市梦"

仅仅从2015年的政府工作报告中，我们就可以看到资本市场应有的担当："'互联网＋'行动计划"、"中国制造2025"、"一带一路"、"京津冀协同发展"、"长江经济带"、"自贸区"、"加快实施走出去战略"、"节能环保"、"国企改革"、"中西部铁路建设"、"万众创新"等。

时光倒流到36年前，1979年12月的一天，时任中国领导人的邓小平对来访的时任日本首相太平正芳说："我们的'四个现代化'的概念，不是像你们那样的现代化的概念，而是'小康之家'。"此后，建设小康社会就成了中国共产党的阶段性奋斗目标，内容不断丰富。2002 年中共十六大提出了在 21 世纪头 20 年全面建成小康社会的奋斗目标，为到 21 世纪中叶基本实现现代化打下坚实基础。2012 年中共十八大又一次对全面建成小康社会的目标提出了新要求，制定了全面建成小康社会的经济建设、政治建设、文化建设、社会建设和生态文明建设五个方面的目标体系。而中国资本市场也正是在建设小康社会的过程中孕育、诞生、成长的。

沪深交易所自 20 世纪 90 年代初成立，一段时间每天只有几百万元的成交量，现在即使较低的成交量也较之前大了不止十倍。而 2014 年曾经有过万亿的成交量，它刷新的不仅是信心，更让全球投资者用一种全新的眼光打量这个新兴加转轨的市场所蕴含的内在动能。对此，亲历了中国股市 20 多年成长过程的一位股民感慨地说："20 年前，我的想象力再丰富，也想象不出股市会有如今这样的体量。"

在经历了"从无到有"、"从小到大"的阶段之后，中国资本市场正朝着"从大到强"的目标迈进。2012 年 11 月，刚刚当选中共中央总书记的习近平，面对中外媒体用朴实的百姓语言诠释了"小康梦"："更好的教育、更稳定的工作、更满意的收入、更可靠的社会保障、更高水平的医疗卫生服务、更舒适的居住条件、更优美的环境。""小康梦"的官方正式表述正是"四个全面"中第一个：全面建成小康社会。

"'四个全面'中，先是全面建成小康社会，而资本市场既是杠杆，又是引擎，还是推手。"全国人大代表、天津天力士集团股份有限公司董事长阎希军连用了三个比喻词来形容资本市场的重要性。而来自监管层的声音更是精准地从中国金融体系的融资结构大调整的角度，来理解资本市场面临的大机遇。"习总书记提出'四个全面',在发展直接融资、提高直接融资比重的背景下,当前是资本市场发展很重要也很难得的历史机遇期。"中国证监会主席肖钢在接受媒体采访时,毫不掩饰内心对资本市场大时代到来时必将有所作为的那份激动。

"两会"期间,肖钢接受上证报采访的微视频被广泛传播。在这段视频中,细心的人注意到,肖钢面带笑容侃侃而谈,面对连珠炮似的提问,他语速很快但条理清晰,每个问题都回答得那样圆满。肖钢显然有准备。他有意借"两会"这样一个特殊平台,向外界传递对资本市场良好的预期和信心。"我国经济发展进入'新常态',但直接融资比重确实较低、社会融资成本很高。为适应经济新常态,一定要有一个与之相匹配的资本市场作支持,一定要抓住这个机遇,采取改革措施,推进资本市场发展。"这位中国证监会第七任主席告诉记者,今年的政府工作报告是历年来讲资本市场最多的,提出了很多具体措施,"我们也感到责任很重大"。根据有关机构统计,目前美国直接融资占比平均为89.93%,而我国内地直接融资占比近年来平均仅为14.93%,远低于成熟金融市场水平。"可以设想,如果按照美国现有的占比,中国的资本市场规模还得壮大很多倍。"中信证券首席经济学家诸建芳在接受上证报采访时激动地说,"可以预期,未来我国资本市场会出现一个爆炸式的快速膨胀发展期"。

其实,只要市场有需求,资本就有智慧。创新是引擎,市场是枢纽。在这个链条上,资本从来就不乏力量和智慧。创新资金链转起来,就会激活资本力量。而"一带一路"、"中国制造2025"、"互联网+"就是创新。

古代"丝绸之路"不仅是丝绸往来的商贸之路、"货币之路",同时也是文化互通互连之路;它不仅是中国连接东西方的"国道",同时也是古代中外经济、文化交流的国际通道。今日的"一带一路"是世界共赢新格局的交响乐。国家"一带一路"战略蕴藏着无限商机。

"一带一路"诞生于全球化时代。随着改革开放步伐加快，中国迅速融入全球化潮流，加入世界贸易组织，重返世界银行、国际货币基金组织等重要国际金融组织。与此同时，中国还加入亚太经合组织和上海合作组织等区域性组织，为推动区域一体化提供中国智慧、奉献中国力量。"一带一路"的提出正是中国顺历史潮流、应国际大势的宏大战略，旨在推动全球化发展的新理念、新机制、新构建。

我们又一次站在了选择的路口。当一度引以为傲的"世界工厂"的光鲜感不再，中国将如何定位全球产业版图中的新角色？2015年政府工作报告首度亮出的"中国制造2025"、"互联网＋"两大热词，勾勒出了清晰的图景。

升级"中国制造"、孕育新兴产业，是全球经济新格局、中国经济新常态下的自然选择。在全球新一轮工业革命浪潮之下，植入新理念、拥抱新技术，是中国制造抢占全球工业制高点的必然路径。一言以蔽之，中国要从过去生产消费品的"世界工厂"，升级为向世界提供先进装备的重要基地。

事实上，"中国制造"的升级与"一带一路"及"走出去"战略，构筑了一个宏大而立体的国际化链条，旨在构建互利共赢的全球价值链。政府工作报告明确鼓励企业参与境外基础设施建设和产能合作，推动铁路、电力、通信、工程机械以及汽车、飞机、电子等中国装备走向世界。未来的"中国制造"，将打破产品输出为主的传统出口形态，形成产品、技术、资本全方位"走出去"态势。期待"互联网＋"为中国经济插上飞翔的翅膀。创新是引擎，市场是枢纽。在这个链条上，资本从来就不乏力量和智慧。创新资金链转起来，就会激活资本力量。

这些安排是当下中国社会变革中政府开列的推进着力点清单。毫无疑问，对广大投资者而言，你的投资行为从来都应该与国家的阶段性重大安排以及由此迸发的社会需求"相向而行"。只要市场有机会，资本就有智慧。事实的确如此。在中国经济亟须转型升级的当下，资本市场再一次被赋予了不寻常的重任，也由此迎来自身发展的历史性机遇。

☞ "全面深化改革"给予市场新动力

可以预见，随着注册制改革的顺利实施，投融资环境的不断完善，以互联网经济为代表的中国创新经济将获得更好的发展环境，中国经济转型将获得更有效的金融支持，投资者也将获得更多的改革创新红利。"两会"期间，中国证监会主席肖钢通过媒体向外界传达了这一重要论断："改革红利将是推动资本市场进一步健康发展的最强大动力。"

回首 2014 年，全面深化改革系列重点任务渐次启动实施，"改革"成为热词。有人做过统计，八次中央全面深化改革领导小组会议，100 多次用到"改革"；40 次国务院常务会议，140 多次用到"改革"。

与此同时，沪深股市闻风而动，特别是下半年以来，深耕改革预期，涨势凌厉稳健。这一年，中国股市一举夺冠，成为当年全球涨幅最大的股市。"这轮股市上涨是对改革开放红利预期的反应，是各项利好政策叠加的结果，有其必然性和合理性。"肖钢对 2014 年下半年以来股市大涨的原因，做了权威的解释。

改革会改变市场的预期。2005~2006 年，随着股权分置改革的推进，中国股市出现了一波牛市行情。未来，随着注册制改革的推进、法制建设的完善，市场会有更大发展空间，华泰证券首席经济学家俞平康这样认为。

"两会"期间，政府工作报告对全面深化改革的具体部署，代表委员对全面深化改革的建言献策，更是强化了投资者对改革红利的预期。

事实上，每一次深刻的制度性变革，都会激发惊人的力量，资本市场一直在为中国的经济改革贡献力量。2005 年启动的股权分置改革，解决了国有股、法人股无法流通的先天缺陷，引领了 A 股市场波澜壮阔的一波大牛市。银河国际数据显示，截至 2014 年年末，A 股市场国有企业总市值为 25.24 万亿元，占 A 股市场总市值的 60.4%。国企改革也是搞活主板的新动力，相当于资本市场二次股改，必然释放新的市场潜能。2014 年，深圳证券交易所向部分国资大省提出了利用资本市场推进国企改革的建议，2015 年将按照"一区一策"、"一司一策"的方针，为上市公司"混改"提供个性化服务，不断提升主板市场质量。

"要善于运用资本的力量，不管怎样改、合并多少家，都要用资本市场，国企要力争把 80% 的份额放在资本市场，把国有资本做活做新。"国务院国有重点大型企业监事会主席季晓南直言，国企目前存在的主要问题，是要从单纯的管理国企转向如何让国企更善于用好资本市场。在国资国企改革中，外界对混合所有制改革寄予了较多期盼。"混合所有制的本意就是要让民营资本有更多的机会参与国企的改革，对增强国企活力和提高社会公平也是有利的。"季晓南说。

李克强总理在政府工作报告中，对简政放权、投融资体制改革、价格改革、财税体制改革、金融改革、国企国资改革等都做了具体部署："新的一年是全面深化改革的关键之年"、"必须以经济体制改革为重点全面深化改革，统筹兼顾、真抓实干，在牵动全局的改革上取得突破"。可以预期，随着各领域的深化改革如火如荼地推进，资本市场在改革进程中所扮演的角色和担当越来越重要。

全国人大代表、深交所总经理宋丽萍认为，资本市场作为国企改革主阵地，具有其他市场平台无可比拟的产权明晰、交易公开透明、定价机制科学公允等诸多优势，可大大减少"混改"中国有资产流失、民营资产被侵吞等诸多顾虑。从过往混改实践来看，现实中最为稳妥、可行的政策都是通过资本市场来实现的。

资本市场要担当起这历史性的使命和重任，其自身的改革就必须加快。人们惊喜地发现，2015 年政府工作报告中的相关措辞已经变化，由 2014 年的"推进股票发行注册制改革"，改成"实施股票发行注册制改革"。这意味着，被监管部门定为"2015 年资本市场改革的头等大事"的注册制改革提速了。这是市场开建以来面临的又一次历史性分野，其波及之广、影响之巨、持续之久史所罕见。

无可讳言，中国资本市场历经 20 余年的发展，行政化色彩依然没有褪尽，市场炒新炒差炒概念依然盛行。这要求中国资本市场必须在股票发行、退市制度、信息披露、监管转型、投资者保护等方面做出一系列制度改革与安排。

股票发行注册制改革正是一系列改革的"牛鼻子工程"。在某种程度上，注册制的推行也将使中国资本市场的认识论与方法论发生重大变化。

注册制作为一种市场化程度较高的股票发行监管制度，具有与现行的核准制完全不同的特征：注册制下，只要不违背国家利益和公众利益，企业能不能发行、何时发行、以什么价格发行，均应由企业和市场自主决定；注册制下，将实行以信息披露为中心的监管理念，要求企业必须向投资者披露充分和必要的投资决策信息，政府不对企业的资产质量和投资价值进行判断和"背书"；注册制下，各市场参与主体归位尽责，发行人是信息披露第一责任人，中介机构承担对发行人信息披露的把关责任，投资者依据公开披露信息自行做出投资决策并自担投资风险；注册制下，实行宽进严管，重在事中事后监管，严惩违法违规，保护投资者合法权益。

显然，注册制改革的核心在于理顺市场与政府的关系，其巧妙之处就在于既能较好地解决发行人与投资者信息不对称所引发的问题，又可以规范监管部门的职责边界，集中精力做好事中事后监管，维护市场秩序，保护投资者合法权益。理解了这些注册制的基本特征后，我们可以得出这样一个推论：随着注册制改革的实施，中国资本市场的生态环境将发生翻天覆地的变化。

不少人在深思，为什么近年来百度、阿里、腾讯等一大批新兴产业龙头出走到海外上市，A 股市场只留下地产、银行、钢铁等旧增长模式的"留守老人"？答案其实很简单：现行的企业上市制度需要这些企业交出以往几年实实在在的"业绩"，而这些互联网企业的全新盈利模式做不到这一点。另一番景象更令国内投资者兴叹：百度的市值在 2005 年上市首日仅为 33 亿元，而到 2014 年年底市值已达 5090 亿元。与此相对应的是，中国石油市值则由 2007 年上市时的 54576 亿元坠落至 2014 年年底的 18118 亿元。

显然，A 股市场的上市公司结构没有与经济结构升级相匹配，难以"产业升级"。A 股并不能成为充分反映中国经济近年来发展的"晴雨表"。这一切都将随着注册制的实施而逐步得到改变。"注册制实施将改变上市公司结构，使得更多代表创新和经济转型方向的上市公司占比提升，是股市长期繁荣的基础。"国泰君安证券研究所在最近的一份报告中这样写道。

互联网经济是中国经济转型的典型代表，是中国创新梦的杰出模范。2014 年年底中国互联网经济占 GDP 比重达到 7%，占比已经超过美国，全球前十大市值互联网公司中，中国占 4 家。可以预见，随着注册制改革的顺利实施，投融资环境的不断完善，以互联网经济为代表的中国创新经济将获得更好的发展环境，中国经济转型将获得更有效的金融支持，投资者也将获得更多的改革创新红利。

历史上渐进的改革曾经催生和壮大了中国的资本市场。如今，全面深化改革必将成为资本市场不竭而澎湃的内在动力，资本市场走向成熟又会加速全面改革步伐。

序二

☞ "全面依法治国"助力资本市场走向成熟

2013 年 11 月，履行中国证监会主席之职不到一年的肖钢在"上证法治论坛"上发表演讲，开篇第一句就是："资本市场说到底是一个法治市场，法治强，则市场兴。"这句看似很平常的话，道出了中国资本市场历史的真谛。从"3·27"事件，到银广夏事件、蓝田事件，再到不久前的万福生科事件，曾经发生的一连串损害投资者利益的典型案例，暴露出中国资本市场法治基础薄弱的问题。

武汉科技大学金融证券研究所所长董登新认为，中国资本市场自成立以来一直处于新兴加转轨的发展阶段，处在探索和壮大中，初期主要依靠行政手段管理、法治化和市场化相对滞后是由市场基础和国情市情决定的。

经过 20 多年的发展，中国资本市场的法治化水平有了显著提升，但也不可否认，与成熟市场相比，我们的市场法治化建设依然任重道远。一系列亟待解决的问题正摆在人们面前：法律法规体系不够完善或已不适应现阶段市场发展要求，投资者尤其是中小投资者保护力度不足，市场股权文化和法治文化存在缺失，监管执法的外部环境和内部机制需优化，违法成本较低导致违法违规行为依旧频发等。因此，中共十八届四中全会对全面依法治国做出了全面部署，勾画了"法治中国"蓝图。在全面依法治国的蓝图下，资本市场的"依法治市"有了更可靠的依托和更精确的目标定位。

"依法治国对于股市意义重大，"银河证券基金研究中心总经理胡立峰表示，"依法治国精神下依法治市，将把中国股市的基础夯实。"创业板上市公司中海达董秘何金成认为，"如果依法治国文化和环境扎实生根，经营个体和企业就会把精力放在技术创新、降低成本、品牌创造、环境保护等方面，那么实体经济的活力就会被激发出来，资本的投向也会发生重大改变，有利

·9·

于培养成熟的股市投资者，有利于资本市场长期健康发展。"

资本市场的进一步大繁荣要靠法治。依法治市涉及完备的法律规范体系、高效的法治实施体系和严密的法治监督体系三个相互影响的维度。专家认为，现代资本市场法治的核心是培育股权文化，加强投资者权益保护，在此基础上，落实依法治市需要从科学立法、规范执法、公正司法、全民守法四个方面着手。

人们欣喜地看到，在全面依法治国战略布局下，资本市场依法治市的系统工程已启动，各项工作都在有条不紊地展开。证监会提出了法制化，跟中央的"依法治国"是一脉相承的。证券市场的法制化是我们的期待。市场是一只"无形的手"，监管是一只"有形的手"，最后的趋势是让"无形的手"和"有形的手"在规则下，发挥各自应有的作用。而作为基础性工作的《中华人民共和国证券法》的修订，更是受到各界的关注。全国人大财政经济委员会副主任委员尹中卿在"两会"期间的记者会上透露："目前我们正在抓紧做好证券法修订草案提请审议工作。按照2015年的立法工作计划，今年4月下旬的常委会将要安排审议证券法修订草案。如果顺利的话，二审或者三审，今年内可以出台。"与前四次修订相比，这是一次全面修订。尹中卿说，现在的修订草案新增了100多条内容，修改了100多条内容，删除了20多条内容。

作为市场的基本法之一，修改后的《中华人民共和国证券法》无疑将重构未来资本市场的格局。从这个意义上讲，修改后的《中华人民共和国证券法》就是一张未来中国资本市场的框架图：①股票发行实行注册制度。监管部门不再对发行人"背书"，也不过多关注企业以往业绩、未来发展前景，这些都交由投资者判断和选择，股票发行数量与价格由市场各方博弈。②多层次资本市场更加健全。不仅有沪深两个证券交易所，还有国务院批准的其他交易场所、证券监管机构批准的交易场所以及组织股权等财产权益的交易场所。③投资者的保护得到强化。投资者特别是广大中小投资者的权益得到法律的保护，投资者适当制度、先期赔付制度、现金分红制度、股东派生诉讼制度和代表人诉讼制度相继建立。

"资本市场应当成为推进'依法治国'的第一块实验田和实现'法治梦'的急先锋。"中国人民大学法学院教授、商法研究所所长刘俊海如此评价资本市场推进"依法治市"的重要性及其在落实依法治国蓝图过程中应当扮演的角色。

"资本市场是法治最好的示范地，是法制最好的推广场所。"全国人大代表、西南证券董事长崔坚说。

依法治国，依法治市，两者虽然外延不同，但精神内涵是一致的。资本市场公开、公平、公正的目标与法治的价值理念具有天然的同质性和一致性。一个成熟的资本市场必然是一个高度依赖法治的市场。反过来说，正在朝着高度法治化迈进的资本市场，也必将成为成熟的资本市场。随着中国资本市场市场化、法治化进程的加快，中国资本市场称雄于世界的一天应该不再遥远。

☞ "全面从严治党"，保证全面建成小康社会目标的实现

在 2015 年的"两会"上，"全面从严治党"也是一个热议的话题。代表委员普遍认为，"全面从严治党"既是一个重要的战略举措，也是其他三个"全面"的根本保证，在"四个全面"的总体布局中，发挥着"牵一发而动全身"的作用。"只有从严治党，才能真正推进全面深化改革、全面依法治国，最终实现全面建成小康社会的目标。"全国政协委员、中国浦东干部学院常务副院长冯俊指出。

资本市场要建立"山清水秀"的生态环境,需要社会建立"山清水秀"的生态环境;社会建立"山清水秀"的生态环境,离不开政治领域建立"山清水秀"的生态环境。从这个角度说,"全面从严治党"战略布局,为资本市场深化改革、依法治市提供了坚实的政治基础和可靠保证。

"中共十八大提出了'中国梦',这让国人激动不已!古人云:'安得广厦千万间,大庇天下寒士俱欢颜!'其实,老百姓的'中国梦'非常简单:居有定所 + 病能有医 + 老有所养 + 社会公平!"一位名为"都市猎豹"的网友在网络上谈出他对"中国梦"的理解。"回到股市,投资者的股市梦又是什么呢?其实也非常简单:合理回报 + 三公原则 + 严惩违规!"这位网民表达了他心中的"股市梦":"能够公平参与市场竞争,在自己风险承受能力范围内,在为中国股市发展做出贡献的同时,能够分得一杯羹!"

在"四个全面"战略布局的引领下,中国资本市场发展空间巨大:①要大力发展我们国家的资本市场体系。截至2014年10月,A股主板总市值22万多亿元,中小板总市值5万多亿元,创业板400余家,总市值2万多亿元,新三板一共有1250余家,市值500多亿元,这充分反映了我们国家的股票市场,即使加入了新三板,我们的总市值与GDP相比,占比还不到30%,而美国为119%,印度为56%,韩国为87%。我国的资本市场应有一倍以上的发展空间。目前我们资本市场服务实体经济的面还很窄,服务的能力还非常有限。当前要抓住资本市场回暖的契机,加快行动。②要大力发展我们的期货市场。资本市场在很大程度上可以给任何东西定价,其中很重要的一个方面就是为风险定价,这个是通过私募和衍生品完成的。在美国场外的衍生品交易量占95%,中国现在OTC市场几乎为0;美国有1000多种场内的期货市场合约,我们国家目前只有四种。③要满足投融资双方个性化的需求,这些才是私募市场生存及其发展的一个基础。要培育私募市场,私募市场不是一个不受监管的市场，对私募市场进行监管也是非常重要的。当然，我们要坚持间接式的改革，注意风险防范，也就是将合适的产品卖给合适的人。

总之，中国资本市场注定会走向成熟，会克服目前存在的种种不足，但这需要时间。随着时间的推移，我们需要考虑的浅层面的东西会越来越少，深层面的东西越来越多；概念的东西越来越少，还原于估值本质的东西越来越多，这就是市场在资源配置中作用越来越大的良性效应。可以相信，在"四个全面"战略布局的引领下，中国资本市场正迎来与国家战略布局和宏大目标紧密结合的大繁荣期。

目　录

"一种货币只会死在自己的床上。"这是已故的德国证券教父安德烈·科斯托拉尼说过的一句格言，它形象地指出：一种货币的价值与其国家的命运息息相关。从对英镑、美元、日本金融业的发展情况，以及中国对金融强国的不懈追求来看，金融博弈的成败反映了一国综合实力的强弱。我们有理由相信，从长远看，中国未来对国际职责的承担是一个发展趋势，而大国金融也是大国崛起的必然选择。

世界酝酿巨变，中国影响凸显。国际金融危机爆发后，风暴洗礼后的大地上，已经依稀可见令人欣喜的复苏"绿芽"，中国经济企稳回升的势头更是引人注目。但是，国际金融危机远未结束，危机的教训和影响更是深远的。痛定思痛，旧有的经济发展模式不再适应当代的经济发展，全球经济格局也必将调整，探求一条可持续发展的振兴之路显得尤为迫切。

第三章　金融地图：当今世界金融博弈格局 ……………… 47

从 21 世纪开始，国际金融格局产生了诸多变化，尤其是中美之间的金融博弈与合作、亚太地区形势对于中国的机遇与挑战、特别提款权的未来前景，以及其他国家和地区的金融博弈等，会使未来的国际金融格局产生新的变化趋势。作为世界上最大的发展中国家，中国成为了国际金融格局中的重要角色，发挥越来越重要的作用，推动了地区和世界经济的发展。

第四章　发展之路：大国崛起的中国金融战略 ……………… 65

大国崛起要有大国金融战略的配合与支持。中国的金融战略应研究金融战略与地缘政治形势，积极发展友好合作关系；建设资本市场，为经济建设输送血液；建立健全金融市场体系，保障经济崛起；改善融资条件，帮助中小企业突破融资困境；打破国富民穷的格局，实现藏富于民；正视全球经济及能源新局势，制定和实施能源战略。这是我们的发展之路。

第五章　金融变革：人民币国际化趋势 ············· 93

一国货币走向国际化主要是由该国的经济基本面决定的：较大的经济规模和持续的增长趋势；经济开放度较高，在世界经济中占有重要地位的国家能够获得交易者对该国货币的需求。国际交易者对该国货币的信心和需求，决定了该国货币必然在世界货币体系中发挥越来越重要的作用，并促使该国货币最终成为国际货币。按照这些条件分析，目前正在出现的人民币国际化趋势，是市场选择的结果。

第六章　"亚投行"：彰显大国金融崛起抱负 ⋯⋯⋯⋯⋯⋯ 115

　　亚投行将为中国营造一个和谐稳定的外部环境，将为"一带一路"与人民币国际化保驾护航，将有助于解决中国产能与外汇储备两大"过剩"问题，将促使中国在国际经济金融舞台上获得更大的话语权，从而彰显大国金融崛起抱负。其实无论是金砖国家开发银行、上合组织开发银行、亚洲开发银行还是丝路基金，都是我国争取国际金融话语权、降低外汇储备风险的重要举措。

第七章　"一带一路"：撬动金融业大盘 ⋯⋯⋯⋯⋯⋯⋯⋯ 133

　　"一带一路"是"丝绸之路经济带"和"21 世纪海上丝绸之路"的简称，是由中国国家主席习近平分别提出的建设"新丝绸之路经济带"和"21世纪海上丝绸之路"的战略构想。不仅明确了对外开放的新路径，同时将成为中国经济新的增长点；随着一带一路沿线国家经贸往来的不断扩大，对金融服务的需求势必进一步增长，将撬动金融业大盘。

第八章　金融文化：大国金融贵在诚信 ···················· 153

实现由金融硬实力平面扩张的金融大国向金融软实力立体提升的金融强国转变，需要加强金融文化建设，这是打造大国金融的一项"灵魂工程"。应当不懈地探索金融文化的精髓，健全现代金融文化体系，以金融文化的繁荣带动中国金融业的发展，以金融文化的繁荣贡献于文化建设的发展和繁荣。

第一章 历史回眸：世界金融现代当代史

"一种货币只会死在自己的床上。"这是已故的德国证券教父安德烈·科斯托拉尼说过的一句格言，它形象地指出：一种货币的价值与其国家的命运息息相关。从对英镑、美元、日本金融业的发展情况，以及中国对金融强国的不懈追求来看，金融博弈的成败反映了一国综合实力的强弱。我们有理由相信，从长远看，中国未来对国际职责的承担是一个发展趋势，而大国金融也是大国崛起的必然选择。

❖ 英镑的兴起与衰落

在世界贸易中，一国的货币更多地与本国的经济息息相关。经济强、货币强，经济弱、货币弱的基本规律已经被市场普遍接受。英镑的兴起与衰落也反映了这一规律。

☞英镑的诞生

贸易离不开货币，当金属货币不能满足现代贸易时纸币便应运而生，英镑同样如此。英镑作为英国的本位货币单位，最早由成立于1694年的英格兰银行发行。由于历史原因，英镑又非整个大不列颠及北爱尔兰王国的法定货币。在英格兰和威尔士，英格兰银行券即英镑为无限法偿的法定货币，而海峡群岛和马恩岛等各地方政府也印行与英格兰银行券等值的纸币，亦为当地的法定货币。然而在苏格兰和北爱尔兰法例中并无法定货币之说，因此所有这两地的纸币实为英国铸币的兑换券。

☞英镑的强势

1696年，现代科学的奠基人牛顿出任英国皇家铸币局主管。1717年，时任铸币局主管的牛顿做了一个大胆的决定，按照当时金币的含金量，将黄金价格定位于每盎司3英镑17先令10.5便士。从此英镑与黄金挂钩，纸币作为钱的替代品进入流通领域，而黄金则作为价值的衡量标准，这就是此后持续了两个世纪之久的古典金本位制。由于英镑有黄金作为其强有力的后盾，一时之间成为了各国投资者、贸易商及政府竞相抢购的货币，从此走上了强势的道路。

1816年，对于整个世界的货币史来说是重要而值得纪念的一年。因为就在这一年，英国通过了《金本位制度法案》，第一次以法律的形式承认了黄金作为货币的本位来发行纸币。1821年，英国正式启用金本位制，英镑成为英国的标准货币单位，每1英镑含0.2583盎司纯金。随后，1818年荷兰实行金本位制，1871年德国、日本实行金本位制，1873年以法国为首的拉丁货币同盟实行金本位制，1875年北欧的丹麦等国实行金本位制，1881年阿根廷实行金本位制，1893 年俄国实行金本位制，1900 年美国实行金本位制。金本位制使各国货币间的汇率变得简单、稳定，为国际贸易的发展创造了条件，全球经济与贸易因此经历了百年的繁荣。

☞英镑的鼎盛

金本位制保证了英国国内货币与物价的稳定，1750～1914 年长达 165 年的岁月中，英国的物价总体只上涨了 48%，这为英国的工业化创造了条件，让英国平稳地从农业国转变成为工业国。

开始于 18 世纪 60 年代的工业革命，给英国带来的是日益增长的原材料需求和大批等待出口的货物，为此英国人不得不通过他们的战舰打开各国市场。贸易必定离不开货币，随着英国战舰一起来到各殖民地的便是英镑。

英国经济学家杰文斯在 1865 年曾这样描述：北美和俄国的平原是我们的玉米地，加拿大和波罗的海是我们的林区，澳大利亚是我们的牧场，秘鲁是我们的银矿，南非和澳大利亚是我们的金矿，印度和中国是我们的茶叶种植园，东印度群岛是我们的甘蔗、咖啡、香料种植园，美国南部是我们的棉花种植园。这些殖民地的贸易货币便是英镑。此时，英镑已经在一定意义上成为了世界货币。

☞英镑的衰落

到 20 世纪初，英镑一直是资本主义世界最为重要的国际支付手段和储备货币。但是，世间万物都逃不过"物极必反"的规律。

1914 年，第一次世界大战爆发，为了筹集更多的军费，英国政府大量印刷英镑，使得英镑兑换黄金的压力大增。1925 年 5 月 13 日，时任英国财政大臣的丘吉尔恢复金块本位制，但于 1931 年 9 月 21 日被迫放弃，英国宣布停止英镑兑换黄金，金本位制度最终宣告结束，与之一同落幕的，是大英帝国在全球的霸权地位。

大量研究表明，1929～1933年的全球性金融危机，使英镑在经济大萧条时期的国际核心货币地位迅速下降，新的国际货币体系逐渐形成。在大国兴替的过程中，国际货币体系失去了核心的稳定者，最终导致了经济危机的爆发以及金本位制度的崩溃。

对此，英国经济学家、诺贝尔奖获得者约翰·希克斯也持有同样看法："1925年之后，没有一个中心能够取代英国在1914年以前的角色，金本位制再度崩溃，这是1929～1933年大萧条的一个原因，也是美国衰退如此严重的原因。"

☞英镑的现状与未来

1991年1月1日，部分欧盟国家开始实行单一货币，从而形成了所谓的"欧元区"。英国政府因不想放弃强势英镑而未加入欧元区。一方面，英国金融的背后有伦敦金融城作为支撑，在一定程度上保持了英镑的强势；另一方面，英国处于主导地位的英联邦使得英镑在各联邦成员国之间占据一席之地而被各国普遍接受。尽管是欧盟国家但英国并未加入欧元区，这也在无意中使得英国避免了些许麻烦——不用全力拯救欧洲主权债务危机。但不可否认的是，英国未来加入欧元区的可能性很大。现在摆在英国人民面前的是一道极其艰难的选择题，到底是选择利益还是那些虚渺的情节？这也许将决定英镑未来的走势。

昔日的"贵族"已经风采不再，"霸主"也已经走下神坛，英镑只是成为了继美元、欧元之后的世界第三选择货币。英镑的兴起与衰落表明，关键货币的兴衰与国际货币体系变迁的背后，体现着大国经济与金融霸权的更替。

❖ 美元称霸历史演进

作为世界货币的美元给美国带来了巨大的霸权收益，增强了美国在政治上、经济上控制其他国家的能力，促进了美国对外经济扩张，以极其低廉的成本（印制 1 美元的成本约为 2 美分）掠夺世界上其他国家的实际经济资源，为美国推行金融霸权提供了有利条件，那么美元称霸历史演进是怎样的呢？

☞ 美元通向世界货币之路

1792 年，美元在 13 个殖民地形成了货币区，当时它只是一个拥有 400 万人的国家。至 19 世纪末，美国已变成世界上最强大的国家。伴随着 1913 年美国联邦储备制度的建立，发行联邦储备券（即现在的美元），美元正式开启了走向世界货币之路。

到 1914 年第一次世界大战爆发时，欧洲国家的黄金流入美国用以购买战争用品。美国联邦储备银行将这些黄金作为法定货币导致了通货膨胀。1914 ~ 1920 年美国的价格水平翻了近一倍。后来美国联邦储备银行决定治理通货膨胀，试图使价格恢复到原来的水平。接下来便是一段通货紧缩时期，价格水平在 1920 年一年内便从 200 降到 140，下降了 30%，这是美国历史上最大的通货紧缩。虽然金本位体系是自由资本主义繁荣昌盛的"黄金时代"，固定汇率制拥有保障国际贸易和信贷安全、方便生产成本核算、避免国际投资风险的优点，在一定程度上推动了国际贸易和国际投资的发展，然而，严格的固定汇率制使各国难以根据本国经济发展的需要执行有利的货币政策，经济增长受到较大制约。

历史演进至第二次世界大战末期，欧洲还没有从两次世界大战的伤痛中恢复过来，美国的各大城市却在繁荣发展，美国人花钱消费，他们参加舞会、购买汽车、收藏私酿烈酒、炒股票，享受着美国成立以来最鼎盛的繁华。世界大战彻底改变了世界经济格局，德国、意大利、日本遭到毁灭性打击，英国、法国这些工业国也满目疮痍，相比之下，美国却因战争受益，成为当时全球经济实力最强大的国家。1945 年美国国民生产总值占全部资本主义国民生产总值的 60%，美国的黄金储备从 1938 年的 145.1 亿美元增加到 1945 年的 200.8 亿美元，约占世界黄金储备的 59%，相当于整个资本主义世界黄金储备的 3/4，这使它成为了资本主义世界盟主。

☞以美元为中心的国际货币体系的建立

第二次世界大战期间，国际货币体系更是乱成一团。为了解决这种混乱的状况，1943 年，美国财政部官员怀特和英国财政部顾问凯恩斯分别从本国利益出发，设计了战后国际货币金融体系，提出了两个不同的计划，即"怀特计划"和"凯恩斯计划"。

"怀特计划"主张取消外汇管制和各国对国际资金转移的限制，设立一个国际稳定基金组织来发行一种国际货币，使各国货币与之保持固定比价，也就是基金货币与美元和黄金挂钩。会员国货币都要与"尤尼它"（"怀特计划"中国际货币基金组织发行的一种国际货币）保持固定比价，不经"基金"会员国 3/4 的投票通过，会员国货币不得贬值。而"凯恩斯计划"则从当时英国缺乏黄金储备出发，主张建立一个世界性中央银行，将各国的债权、债务通过这个中央银行的存款账户转账进行清算。

美国在第二次世界大战中发了财，黄金源源不断流入美国，经济得到空前发展。在第二次世界大战即将胜利前夕，第二次世界大战中44个同盟国在英国和美国的组织下，于1944年7月在美国新罕布什尔州的布雷顿森林村一家旅馆召开了有730人参加的"联合和联盟国家国际货币金融会议"，通过了以美国财长助理怀特提出的"怀特计划"为基础的《国际货币基金协定》和《国际复兴开发银行协定》，总称"布雷顿森林协定"，从此开始了布雷顿森林体系。至此，形成了以美元为中心的国际货币体系，美国由此获得了巨大的利益。

☞ **美元逐渐瓦解**

1949～1960年，美国的国际收支累计逆差215.83亿美元，黄金储备锐减27.5%，仅为178.04亿美元。巨额美元充斥国际金融市场，战后初期的"美元荒"，无可争议地演变成了"美元灾"，拉开了美元风雨飘摇年代的序幕。

到1960年10月终于爆发了战后第一次美元危机。这次美元危机后，历届美国政府采取了许多保卫美元的措施，如筹设"黄金总库"、在国际货币基金组织中成立"备用信贷"、与14个主要西方国家签订"货币互换协定"等，但这些措施都未触及危机的根源，因此根本不可能避免危机的继续发展。

1968年3月，第二次美元危机爆发，黄金总库随之崩溃，美国不再维持自由市场上的黄金官价，听任自由市场的黄金价格随市场供求的变化而自由波动。但是各国官方在进行国际结算时仍维持35美元等于1盎司黄金的官价，各国中央银行仍可按这一官价用美元到美国兑换黄金。"黄金双价制"的实施，表明美元实际上已经变相贬值，美元信用进一步下降。此后，美元危机频频发生，美元实际上的贬值导致了其官价与实际价格之间的差距越来越大，因而人们纷纷放弃美元，竞相挤兑黄金，于是黄金价格节节上涨，美国政府再也无法按官价给予保证兑换。

1971年8月15日，在接连发生的美元危机的袭击下，尼克松政府被迫实行"新经济政策"，宣布停止兑换黄金，即宣布美元与黄金脱钩，彻底关闭了"黄金窗口"。这是美元的历史时刻，美元最终同黄金完全脱钩，意味着布雷顿森林体系实行的"双挂钩"汇率制度的基础已经荡然无存，布雷顿森林体系的第一根支柱已经坍塌，这一体系开始瓦解。1971年12月，10国财长勉强达成"史密森协定"，规定美元对黄金贬值7.89%，每盎司黄金价格为38美元。这是战后美元首次正式贬值。

1973年1月下旬爆发了一场新的美元危机，美国政府在2月12日再次宣布美元贬值10%，黄金官价提高到1盎司42.22美元。但此举非但未能平息这场危机，反而使危机愈演愈烈。1973年3月，主要国家货币都与美元脱钩，实行单独浮动或联合浮动。至此，作为这一体系第二根支柱的固定汇率制也宣告崩溃，第二次世界大战后以美元为中心的国际货币体系终于瓦解，美元霸权地位遭到了严重削弱。

1976年1月8日，国际货币基金组织的临时委员会在牙买加会议上通过了关于国际货币制度改革的协定，称为《牙买加协定》。该协定于1978年4月1日正式生效，表明布雷顿森林体系正式宣告解体，世界经济进入后布雷顿森林体系时代，即"牙买加体系"，也有人称之为"没有体系的体系"。布雷顿森林体系的崩溃虽然使美元霸权失去了以往的制度保障，美元霸权从布雷顿森林体系瓦解到20世纪80年代中期的10年间一度陷入低谷，但是美元霸权并没有随着布雷顿森林体系的瓦解而终结。

☞美元盛衰沉浮 30 年

20 世纪 90 年代以来，美国经济得以迅猛发展，但是持续的繁荣也留下了后遗症，表现在企业投资过度、股市泡沫、楼市泡沫、战事频繁、债务膨胀等方面，这些都为美国后来的衰退埋下了伏笔。尽管 2007 年房地产泡沫破裂引发的次贷危机最终将美国经济带入了泥潭，但是一些史学家相信，美国的衰退实际上始于 2001 年。从那时开始，美国有两年失去了世界第一出口大国和第一对外投资大国的桂冠，并且从最大债权国成了最大债务国。2008年，当一场由美国引起的危及全球的金融海啸到来的时候，美国的私人债务、公司债务、国家债务加在一起，已经超过了 50 万亿美元，美国在世界经济中的比重从第二次世界大战后的一半以上降至不足 1/10，对外贸易在世界贸易中的比重从 60% 以上降至 16%。美元的霸权地位屡遭质疑。

经历了从强大到衰退、再强大的一个轮回之后，美元霸权的局面将会如何演变呢？历史轮回的惊人巧合出现在了 2009 年 3 月，当年凯恩斯反对美元成为国际货币，提出了"设立超主权货币"的建议在 80 年后重新得到重视，中国人民银行行长周小川在央行网站连发 3 篇文章，诠释凯恩斯理论，提议遭到了美国总统奥巴马的强烈反对，但是却得到了来自欧盟、金砖四国以及国际货币基金组织的认可。现在越来越多的人在谈论建立一种国际储备货币，这一方面是因为美国经济地位的下降，另一方面也是更重要的力量，即来自经济全球化的推动。

当经济版图从"一家独大"走向"群雄逐鹿"，当国际贸易串联起全球大市场，当国际资本仅仅点击一下鼠标就可以跨越国境的时候，世界需要一种更可靠、更安全、更公正、不为哪个国家所左右的信用保证。虽然眼下谁也无法预估这样的货币究竟会在哪一天诞生，它到底会叫什么名字，但只要世界经济仍然朝着全球化的方面迈进，它总会有取代美元的时候。

时势造英雄，时势也会造就一种新的世界货币。

❖ 日本金融业历史及特点

日本千百年以来吸收汉文化，日本的货币也是唐朝的时候从中国学习金融系统以后开始使用的东西，平安时代、幕府时代一直没有变化。明治维新时期，日本开始全面性地吸收当时叱咤风云的大英帝国的一切，政治、文化、经济方面开始工业化。工业革命后，日本又通过技术的引进、改良和普建，建立了比较完整的工业体系。可见日本经济具有明显的追逐性特点。20世纪80年代以来，在金融自由化的不断推动下，原有的分业模式开始逐步瓦解。伴随着90年代后期"金融大爆炸"的实施，金融控股公司应运而生，接着日本政府又对各类金融机构进行全面整合。概括起来，日本经济发展是一种以产业政策为核心的发展模式，强调政府的积极作用，市场作用受到了抑制，主银行制度成为日本金融体系的典型代表。

☞ 日本现代金融体系的建立

日本在明治维新第四年（1871年）颁布的《新币条例》，意在推进包括发行纸币在内的货币改革，这标志着日本近代金融体系建立的起点。1897年《货币法》正式确立现代货币制度，1872年根据《国立银行条例》建立私人银行，1882年通过《日本银行条例》并创设中央银行（日本银行）。

明治维新后，经过半个多世纪，到第二次世界大战爆发前，日本已经建立了较为稳定的管理通货制度和完善的金融体系。但因为由日本政府、企业与银行之间的密切关系所形成的主银行制度容易让成员企业获得银行贷款，使银行间接融资居于企业外部资金来源中的主导地位，因此在操作层面仍有诸多不规范之处，包括商业银行插手产业金融、央行提供股票担保等。

☞日本第二次世界大战时期的特殊金融

第二次世界大战期间，从 1937 年日本全面侵华开始，到 1945 年日本投降为止，这段时期在日本经济史上被称为狭义战时统制经济时期。国家对经济的干预迅速渗透国民经济的各个领域。

战争期间日本实施金融动员，倾全国之力，调动一切力量，为其疯狂的扩张战争输送资源。日本在侵华战争期间，于 1938 年通过《国家总动员法》，要求金融当局最大限度挖掘资金来源并优先将资金分配给军需工业相关部门。1942 年通过《新日本银行法》和《金融事业整备令》将日本银行业置于政府控制之下。战争期间日本政府还建立了"战争金融金库"和"金融统制会"来保证资金吸收和统筹运用。随着战争的升级，日本的战费需求迅速扩大，国内经济通货膨胀压力严重，日本政府为筹措战费、稳定经济制定了一系列法律法规，取得了比较明显的效果。

☞日本战后经济复兴的金融支持

第二次世界大战结束后，日本的政治、经济、社会制度面临着巨大的变革。在美国的指导下，日本对其金融制度进行了全面的改革，日本经济实现了超过 20 年的高速增长，拉动经济高速增长的重要力量是高投资率，而金融体系对此贡献明显。在低利率政策引导下，日本商业银行向企业提供了廉价的长期资金来源，一方面保证企业稳定的经营环境，利于企业长期经营决策有效；另一方面商业银行自身成为企业集团的核心，主导推动各项产业政策。

1955 年到 20 世纪 70 年代前期，日本经济进入了高速增长时期，这一时期金融领域实行严格的限制性措施，长短期金融分离、银行业与证券业分离、银行业与信托业分离、国内金融市场与国际金融市场分离，同时对存款利率、长短期贷款利率和债券发行利率进行直接控制。

☞ 日本的金融泡沫与金融大爆炸

20 世纪 70 年代"石油危机"后，日本经济结束了高速增长时期。第二次世界大战后建立的金融体制已不再适应变化了的国内外经济环境。为顺应形势的发展，日本政府在 70 年代末 80 年代初启动了以金融自由化为主要内容的金融改革。其主要内容有：逐步实现了利率自由化；金融制度转向综合化，各金融机构突破原有的专业化分工；金融市场自由化，80 年代放松了对证券市场的限制，取消了外汇管制；金融机构向国际化方向发展，在国际金融领域占据重要地位。

20 世纪 90 年代以后，随着日本泡沫经济的崩溃、亚洲金融危机的爆发以及全球金融自由化程度的不断加深，日本经济走向成熟化和国际化，日本金融制度缺乏透明度、对金融机构监管不严等弊端逐步显露出来。为克服当前的金融危机，解决不良债权问题，1996 年日本提出"金融大爆炸"，加快之前循序渐进的放松管制步伐，全面实现国内外资本账户的自由化，改革原有的分业管理体制，废除了外汇银行制度，改革市场制度与交易规则，如股票交易手续费的自由化等，并推动金融产品的创新，如允许设立私募基金和公司型基金，允许开设私人银行业务，管理个人资产运营等。

☞日本金融体系特点

经过多年发展，日本的金融体制逐渐走向成熟，并形成了具有以下特色的金融体系：

一是以间接金融为主。由于间接金融比重高，银行在金融体系中一直处于核心地位。日本金融制度的顶点是大藏省和日本银行，在大藏省及日本银行的直接监管下，银行、证券、保险等各种金融机构在其不同的法律规定的范围内开展业务，相互之间尽可能避免直接竞争而达到"和平共处"。

二是银企关系密切。日本企业金融的重要特点，是企业和银行之间形成了长期的、稳定的、综合的交易关系，这就是主银行制度。由于主银行制度，企业和银行之间保持了特殊的密切关系。这种特殊的密切关系，既是间接金融的基础，又是日本式经营的基本条件和重要保证，对高速经济增长也发挥了至关重要的作用。

三是专业化分工。在日本政府的金融规制和金融保护下，日本形成了专业化分工的金融体制，体现为长、短期金融业务的分离，银行业务与信托业务的分离，银行业务与证券业务的分离，大企业和中小企业金融机构的分离。

四是政府金融地位突出。政府金融，即在资金由最初的资金供给者向最终的需要者的资金流动过程中，有相当一部分经由了政府金融机构。政府金融不仅保证了财政投融资的财源，扩大了公共投资，而且由于政府金融机构按照政府的经济政策融资贷款，所以还发挥了对民间金融机构的补充作用，解决了市场经济条件下难以充分保证的资金供给问题。

五是官民协调。在发达资本主义国家中，日本向来以政府干预多而闻名，这在金融方面也不例外。日本政府在 20 世纪 90 年代前一直实行"金融保护行政"，在银行经营困难时，政府采取救济措施，尽量避免银行破产，这就是所谓"银行不破产"的神话。由此,"金融保护行政"又被称为"护航舰队方式"。当然,日本政府对银行经营困难时的救济,并没有法律上的明文规定,而是日本政府通常采取的行动,而且银行在经营困难时也往往期待政府的救济。由于政府和银行间的上述关系,银行既听命于政府,又相信政府的救济,两者之间有一种默契的信赖关系,从而形成了日本特有的官民一体或官民协调的金融体制。

日本金融在 20 世纪 90 年代以前一度创造了奇迹和辉煌,成为世界金融强国。但自 20 世纪 90 年代初泡沫经济破灭以来,日本银行体系给人们留下的总体印象是千疮百孔、问题"丛生"。日本金融业一直陷于严重的危机之中,金融机构不良债权数额巨大,破产风潮此起彼伏,经营丑闻屡屡曝光,国际地位江河日下,严重打击了国民的信心。短短几十年,速盛速衰,确实耐人寻味。

在现代市场经济中,经济增长与金融发展之间已经形成了一种密不可分的互动关系,两者相互促进、相互推动、共同发展。金融业对经济具有重大的影响,可以说是"水能载舟,亦能覆舟"。金融业的顺利发展可以为经济发展融通资金,调剂社会资金余缺,满足资金供求双方的各自需要,从而推动经济的迅速增长;相反,如果金融业的运行出现问题,产生了金融危机,也极可能引发经济动荡与萧条。

❖ 中国金融强国的不懈追求

"天行健,君子以自强不息",中华传统文化数千年的流变,化育而成中国人的主动性、能动性和刚强不屈的性格，奋发图强的进取精神，成为了人们激励斗志、克服困难的精神支柱。这种精神也体现在中国人对金融强国的不懈追求上。为了保证国家金融与经济主权的独立性和完整性，防止我国金融经济陷入丢失控制权和自主权的困境，经过百年探索，我国选择了一条自主创新与发展的道路，以大国金融促进中华民族的伟大复兴，实现"中国梦"。

☞1949 年以前的中国金融业

追溯中国金融业源头，有史料记载的至少有 4000 年历史。近代史上的钱庄和票号在中国金融史上有着重要地位，随着外资银行势力和中国新式银行业的兴起，辛亥革命之后，票号业逐渐走向衰落。到了 19 世纪 50 年代，中国有汇隆银行、阿加喇银行、有利银行、麦加利银行等，至 80 年代末，外资银行中除一家法兰西银行，其余都是英资银行。1914～1926 年，西方国家在华新设银行 44 家，并开设 125 个分支行，加上原有在华银行，共 66 家外资银行、226 个分支行，外国银行取得垄断地位。

近代中国第一家股份制企业，是 1872 年成立的轮船招商局。1880 年前后，先后有近 40 家企业通过发行股票筹集资金，掀起了"洋务运动"时期股份公司发展的一个小高潮。在此期间，还出现过一家具有证券交易所雏形的企业"上海平准股票公司"。1897 年，盛宣怀创立中国第一家现代银行——中国通商银行；1898 年清政府发行昭信股票，中国第一次使用金融手段弥补财政空缺；1905 年清政府创立户部银行，是中国最早的中央银行；1908 年颁布《银行通行则例》；1910 年上海爆发"橡皮股票风潮"。

中国近代金融业发展的特点之一，就是银行和股份制同时起步、共同发展。清朝至新中国成立前，全国共有银行数百家，这些银行都是股份制的，这在各行各业中是绝无仅有的。特点之二就是外国银行占垄断地位,传统钱庄因各种原因逐渐走向衰落。而银行完全模仿国外的公司制度建立,经历数十年发展,获得了成功。中国不仅建立了证券交易所和期货交易所,而且颁布了《中华人民共和国公司法》、《中华人民共和国证券法》、《中华人民共和国银行法》和《中华人民共和国保险法》。

上海是近代中国的金融中心。鸦片战争之前,上海为江浙地区多个钱庄业市场之一。上海钱庄业起源于清乾隆年间,至清光绪初年,上海北市和南市的钱庄盛极一时。开埠后,作为中国最大的内外贸易口岸,上海的金融地位迅速上升。起先是外商银行进驻,后来是证券交易所成立,以及本土银行的蓬勃发展。本国银行在组织制度和经营方式上仿效外商银行,业务上与外商银行和本国钱庄业保持联系,形成了上海金融市场的鼎足格局。除了原有的拆借市场、外汇市场和内汇市场之外,上海还形成了黄金市场、期货市场和证券市场。

在北洋政府时期,华北地区的北京和天津在发展金融方面拥有许多优势。1928 年 11 月中央银行在上海正式设立。中国银行和交通银行于同年将总行自北平迁至上海,带动北方其他银行南迁,加强了上海的金融中心地位。在南京政府成立以前,上海已有华商证券与证券物品两家交易所进行证券买卖。1933 年 6 月上海证券物品交易所的证券部并入华商证券交易所,使得上海成为远东最大的证券市场,日本东京都只能望其项背。

20 世纪 30 年代,南京国民政府推行了两次币制改革,即 1933 年的"废两改元"(废用银两,改用银元)和 1935 年的法币政策。通过"废两改元",上海银行业与钱庄业对峙的局面被打破。尤其是通过两元兑换、控制洋厘和拆息的实施,使钱庄业控制金融市场的传统优势开始崩溃。与此同时,上海银行业的地位有了进一步提高。1935 年 11 月实施法币政策,正式废除了银本位制度。在国民政府的推动作用之下，上海成为全国最大的金融中心。

☞1949~1978 年的中国金融业

1949 年 5 月 5 日中国人民银行发出收兑旧币通令，收兑各解放区货币，到新中国成立时，各解放区的旧币已经基本收回，货币发行流通已经基本统一于人民币，标志着一个崭新系统的货币体系的形成。

"一五"期间，面对大规模的建设，为了解决资金不足的问题，银行立足于开展各种业务以广泛吸收资金。1954~1955 年，中国人民银行、商业部、财政部协商，统一清理了国营工业间以及国营工业与其他国营企业间的贷款，贷款与资金往来一律通过中国银行办理，到"一五"计划末，一切信用统一于国家银行的目的已经实现。

"大跃进"时期金融出现了混乱局面，经济盲目发展，制度多变，权力盲目下放，信用控制失败，出现许多失误。"十年动乱"使中国金融业受到巨大冲击。"拨乱反正"时期和调整时期国家开始加强整顿银行机构，充实领导力量，整顿规章制度，加强金融工作，1977 年基本恢复了银行秩序，提高了银行的工作质量，为后续的金融改革创造了必要的条件。

☞改革开放以来的中国金融改革

改革开放以来，我国金融业一路风雨兼程，有力地支持了我国改革开放的伟大事业进程。其改革包括以下内容：

一是金融监管改革。1983 年 9 月国务院决定中国人民银行从 1984 年 1 月 1 日起专门行使国家中央银行的职能，标志着我国金融业全面改革开放大幕的拉开。为统一监督管理全国证券期货市场，维护证券期货市场秩序，保障其合法运行，1992 年 10 月，中国证券监督管理委员会（简称"中国证监会")成立;为统一监督管理全国保险市场,维护保险业的合法、稳健运行,1998 年 11 月中国保险监督管理委员会(简称"中国保监会")成立;为统一监督管理银行、金融资产管理公司、信托投资公司及其他存款类金融机构,维护银行业的合法、稳健运行,2003 年 4 月中国银行业监督管理委员会(简称"中国银监会")成立。

二是银行改革。1993 年 12 月,国务院做出《关于金融体制改革的决定》,确立我国金融体制的新框架。实现政策性金融和商业性金融分离,解决国有专业银行身兼两任的问题;割断政策性贷款与基础货币的直接联系,确保中国人民银行调控基础货币的主动权,1994 年国家开发银行、中国农业发展银行、中国进出口银行三家政策性银行成立。在政策性业务分离出去之后,1994 年,国家各专业银行(中国工商银行、中国农业银行、中国银行和中国人民建设银行)转变为国有商业银行,按现代商业银行经营机制运行,贯彻执行自主经营、自担风险、自负盈亏、自我约束的经营原则。

三是积极稳妥地发展合作银行体系。合作银行体系主要包括城市合作银行和农村合作银行,其主要任务是为中小企业、农业和发展地区经济服务。1987 年 4 月 8 日,招商银行在深圳特区成立,成为第一家由国有企业兴办的银行。1996 年 1 月 12 日第一家由民间资本设立的全国性商业银行——中国民生银行成立。1991 年 4 月 3 日深圳发展银行成为全国第一家上市的商业银行;2005 年 6 月交通银行成为全国第一家上市的国有控股大型商业银行。1982 年,南洋商业银行在深圳经济特区开设分行,成为新中国成立后第一家在内地经营的外资银行;1985 年厦门国际银行成立,成为首家中外合资银行。2007 年 4 月,花旗、汇丰、渣打和东亚四家银行成为首批法人转制的外资银行。

四是保险改革。1986 年中华联合财产保险股份有限公司成立,是全国第二家具有法人资格的保险公司。1988 年中国平安保险（集团）股份有限公司在深圳蛇口成立，成为全国第一家股份制保险企业。1992 年，友邦保险在上海设立分公司，是第一家获准在中国经营保险业务的外资保险公司；1996 年 11 月 26 日，中宏人寿保险有限公司在上海成立，成为全国首家中外合资人寿保险公司。根据《保险法》关于财产险和人身险分业经营的要求，1996 年 8 月中国人民保险公司改组为中国人民保险（集团）公司，下设中保财产保险有限公司、中保人寿保险有限公司及中保再保险有限公司。1998 年 10 月 7 日，国务院发文，撤销中国人民保险（集团）公司，三家子公司分别更名为中国人民保险公司、中国人寿保险公司、中国再保险公司，原中国人民保险（集团）公司的海外经营性机构划归中国保险股份有限公司（旗下有太平保险公司和太平人寿保险公司）。2003 年 7 月 16 日经国务院同意、保监会批准，中国人保资产管理股份有限公司在上海成立，成为全国第一家保险资产管理公司。2003 年 11 月 6 日中国财险在中国香港上市，成为内地金融机构海外上市第一股。

五是非银行金融机构改革。1979 年 10 月 4 日，国务院正式批准成立全国第一家信托公司中国国际信托投资公司。1986 年 11 月，中国人民银行批准中国租赁公司为全国第一家持有金融营业许可证的金融租赁公司。1987 年 9 月 27 日，全国第一家证券公司深圳经济特区证券公司成立。1987 年 11 月 14 日，中国人民银行批准全国第一家财务公司上海锦江集团财务公司成立。1998 年 3 月，全国第一家基金公司国泰基金管理有限公司成立。1999 年全国有中国华融资产管理公司、中国长城资产管理公司、中国东方资产管理公司、中国信达资产管理公司四家资产管理公司。

六是金融交易市场及交易平台。经国务院授权，由中国人民银行批准，1990 年 11 月 26 日上海证券交易所成立，1990 年 12 月 1 日深圳证券交易所成立。经国务院批准，1990 年 10 月 12 日郑州期货交易所成立。1994 年 4 月 18 日中国外汇交易中心暨全国银行间同业拆借中心成立，作为中国银行间外汇市场、货币市场、债券市场以及汇率和利率衍生品市场的具体组织者和运行者。经国务院批准，由中国人民银行组建，2002 年 10 月 30 日上海黄金交易所开业。2003 年 12 月，中国人民银行授权中国银行（香港）有限公司担任中国香港人民币业务清算行。2013 年底，扩容后的新三板方案突破试点国家高新区限制，所有符合新三板条件的企业都可以挂牌上市，新三板与沪市、深市共同形成我国资本市场"三足鼎立"格局。

七是第三方非金融服务机构。1992 年 9 月，全国第一家期货公司广东万通期货经纪公司成立。2000 年 6 月 16 日，全国第一家保险经纪公司江泰保险经纪有限公司成立。经国务院同意、中国人民银行批准，2002 年 3 月中国银联成立，总部设于上海。2011 年 5 月 18 日，中国人民银行向支付宝等 27 家机构下发"非金融机构支付业务许可"。

纵观中国金融业的发展，没有改革开放，就没有我国金融业今日的辉煌；这些改革成果，正是我国开创中国特色社会主义道路取得举世瞩目成就的一个缩影。在渡过全球金融危机后的今天，在中国持续发展的背景下，无论是从中国的角度还是从全球视野看来，中国金融行业已是更具吸引力的投资领域。

第二章　金融危机：世界金融
领域的剧变风暴

世界酝酿巨变，中国影响凸显。国际金融危机爆发后，风暴洗礼后的大地上，已经依稀可见令人欣喜的复苏"绿芽"，中国经济企稳回升的势头更是引人注目。但是，国际金融危机远未结束，危机的教训和影响更是深远的。痛定思痛，旧有的经济发展模式不再适应当代的经济发展，全球经济格局也必将调整，探求一条可持续发展的振兴之路显得尤为迫切。

❖ 金融危机与经济危机

在日常生活中，我们经常可以看到或者听到金融危机与经济危机这两个词汇，很多人会将这两者混淆，并且在近期的媒体报道中，这两个词汇经常混淆使用，本章将对金融危机和经济危机的概念、两者在本质上的区别以及两种危机对我国的影响进行简单的分析和简述。

☞金融危机与经济危机的概念不同

金融危机和经济危机在概念上很容易被混淆，但是仍存在着些许关键的区别，也透露着两者本质上的一些区别。

经济危机是指经济系统没有产生足够的消费价值，也就是生产能力过剩的危机。有的学者把经济危机分为被动型危机与主动型危机两种类型。所谓被动型经济危机是指该国宏观经济管理当局在没有准备的情况下出现经济的严重衰退或大幅度的货币贬值从而引发金融危机进而演化为经济危机的情况。如果危机属于被动型的，很难认为这种货币在危机之后还会回升，危机过程实际上是重新寻求和确认该国货币价值的过程。主动型危机是指宏观经济管理当局为了达到某种目的而采取政策行为的结果。危机的产生完全在管理当局的预料之中，危机或经济衰退可以视作改革的机会成本。

金融危机是指一个国家或几个国家与地区的全部或大部分金融指标（如短期利率、货币资产、证券、房地产、土地（价格）、商业破产数和金融机构倒闭数）的急剧、短暂和超周期的恶化。其特征是人们基于经济未来将更加悲观的预期，整个区域内货币币值出现幅度较大的贬值，经济总量与经济规模出现较大的损失，经济增长受到打击。往往伴随着企业大量倒闭，失业率提高、普遍的经济萧条，甚至有时候伴随着社会动荡或国家政治层面的动荡。金融危机可以分为货币危机、债务危机、银行危机等类型。近年来的金融危机越来越呈现出某种混合形式的危机。

☞金融危机与经济危机的成因不同

金融危机，通常是信用扩张、虚拟经济引起的经济泡沫破裂，这是金融危机爆发的主要原因。而经济泡沫，通常又是股市泡沫和房地产泡沫，是经济不合理繁荣的结果，术语是"经济过热"。经济危机往往跟随金融危机而来。金融危机发生时，信用紧缩，大批银行面临挤兑压力；随着通货紧缩，金融机构不愿意向实体经济放货，最终导致经济危机爆发。在传统的经济理论中，经济危机的爆发是由资本主义基本矛盾，即生产的社会化和生产资料资本主义私人占有制之间的矛盾决定的。

过去我们讲资本家在追逐高额利润动机的驱使下，拼命扩大生产，加大对工人的剥削，结果是劳动人民有支付能力的需求落后于社会生产的增长，市场上的商品找不到销路，造成生产的相对过剩，引起经济危机的爆发。现在应该讲某个特定行业，例如房地产、金融、能源等领域的资本家利用体制监管不力的漏洞或者垄断地位，拼命剥削整个社会而不是自己的工人（他们自己的工人往往一同发财），造成本行业价值虚增，却由社会买单。使得全体公民相对贫困，买不起房产、股票等被他们操控的产品，造成需求衰退的连锁反应。所以说，现代经济危机不是产品过剩，而是虚假财富过剩。一个价值10万元的房子被炒到100万元，这90万元就是虚假财富。制造这些虚假财富的效果就像制造这么多假币一样危害社会和经济。政府预防现代经济危机的办法就是要像打击假币一样打击虚假财富进入流通。

从本质上说，经济危机的根源是劳动分配的不公平。市场体制具有两极分化的弊端，自由竞争自由分配不但会提高生产力，也会导致劳动成果的不均衡分配。不均衡分配是符合规律的，而且是公平的，就像羊吃草、狼吃肉一样，有多大能力赚多少钱，享受哪种质量的生活，但是当狼连草都想霸占的时候，经济危机就来了，而且是不可避免的。低收入者本身能力就不足，而且也没有那么多的资本与他们抗衡，资本家还不是想怎样就怎样。狼难道还赶不走羊？

综上可以看出，经济危机、金融危机、经济泡沫三者在时间上的关系是：

经济泡沫导致金融危机、金融危机导致经济危机，而经济危机有时是不可避免的。就前两者而言，金融业的流动性消失，就是金融危机，而一旦金融业的流动性长时间得不到恢复，也就演变成了经济危机。

☞金融危机与经济危机的联系

从历史上发生的几次大规模金融危机和经济危机来看，大部分经济危机与金融危机都是相伴随的。也就是说，在经济危机发生之前，往往会先出现一波金融危机，最近的这次全球性经济危机也不例外。这表明两者间存在着内在联系。其主要缘由在于，随着货币和资本被引入消费和生产过程，消费、生产与货币、资本的结合越来越紧密。

以生产过程为例，资本在生产过程的第一个阶段——投资阶段，便开始介入，货币资本由此转化为生产资本；在第二个阶段，也就是加工阶段，资本的形态由投资转化为商品；而在第三个阶段，也就是销售阶段，资本的形态又由商品恢复为货币。正是货币资本经历的这些转换过程，使得货币资本的投入与取得在时空上相互分离，任何一个阶段出现的不确定性和矛盾都足以导致货币资本运动的中断，资本投资无法收回，从而出现直接的货币信用危机，也就是金融危机。当这种不确定性和矛盾在较多的生产领域中出现时，生产过程便会因投入不足而无法继续，从而造成产出的严重下降，引致更大范围的经济危机。这便是为何金融危机总是与经济危机相伴随，并总是先于经济危机而发生的原因。

在某些情况下，也不能排除金融危机独立于经济危机发生的可能性，尤其是当政府在金融危机之初便采取强有力的应对政策措施，例如，通过大规模的"输血"政策，有效阻断货币信用危机与生产过程的联系，此时就可能避免经济危机的发生或深入。

☞经济危机存在的必然性

只要是自由市场经济体系，都存在经济周期，都会有发生经济危机的危险。100多年来人们做过各种尝试，试图解决经济危机问题。代表人物凯恩斯主张国家干预经济，不过还没有要抛弃资本主义经济体系这么极端，主要是运用财政和货币政策对经济进行干预。凯恩斯主义延缓了经济危机的发生，原因是虽然积极的财政和货币政策诱导了投资，增加总需求，但这些都需要大量的钱作为支持，加大货币发行量是最常用的手段。

我们知道，经济总量到达顶峰之后不能再增长，结果是经济停滞不前再加上通货膨胀，"滞胀"了。而决定经济总量的是人口、资源、科技水平几个要素，其中科技水平是最主要的变量，也是决定经济总量最主要的因素。每一次科技革命都会扩大经济总量，为经济的发展带来一个黄金的发展期，改变原来的经济周期，这是最好的结果。上一次科技革命是20世纪70年代的信息技术革命，所开拓的发展空间使经济一直发展到现在才达到顶峰。下一次技术革命会是什么呢？让我们拭目以待。

总之，金融危机对谁都没有好处，而泡沫经济的破裂，正像吸足了水的海绵被挤压或者曝晒而产生的蒸发。可以说，这是一种价值的回归。面对危机，我国也在积极采取措施，通过扩张财政和降低存款准备金率，在市场投放巨资以拉动内需及下调人民币汇率等。在党中央的正确决策下，中国的经济前景将会是很辉煌的。

❖ 国际金融危机传染渠道

国际金融危机传染是指一国或一组国家遭受危机冲击后，市场之间联系的显著提高。即一国发生危机之后，如果其他国家发生危机的概率显著提高，就认为两国间存在传染。其传染渠道主要可以分为贸易渠道、金融渠道和预期渠道三种。

☞国际金融危机的贸易传染渠道

贸易传染渠道主要是指一国发生的金融危机可以通过国际贸易途径，使与其有直接或者间接贸易关系的国家面临经济基本面的恶化，进而导致他国的金融危机。而贸易传染渠道主要可以分为直接的单边贸易传染和间接的多边贸易传染两种。

直接的单边贸易传染可以看作两国存在贸易伙伴关系时，一国金融危机对另一国的经济影响。假定 A 国和 B 国为贸易伙伴关系，当 A 国发生金融危机时，有三种情况可能影响 B 国经济：①A 国货币贬值，此时 A 国出口竞争力明显增强，对 B 国出口增加；同时，A 国因为金融危机经济衰退，消费者信心不足和投资减少，使得从 B 国的进口减少，B 国出口受影响、贸易赤字增加、外汇储备减少，经济基础遭到破坏。②A 国货币贬值，其相对 B 国的价格水平下降，使得 B 国消费价格指数下降，于是 B 国本币需求量减少，外币需求量增加，导致 B 国外汇储备减少，诱发货币危机。③A 国货币贬值，导致 B 国产品的竞争力下降，引起 B 国国内失业率上升，政府采用扩张性的货币政策，导致对投机者的冲击。

间接的多边贸易关系具体来说就是两国之间并没有直接的贸易联系，但两国出口商品具有一定的相似性并与第三国有密切的贸易关系，即可以看作两国是贸易竞争关系。假定 A 国、B 国、C 国三国，其中 B 国分别与 A 国、C 国存在密切的贸易往来，而 A 国与 C 国属于贸易竞争型的关系。当 A 国爆发货币危机并导致货币贬值时，多边贸易传染渠道的作用机制有两种情况：①如果 C 国不对其货币进行相应的贬值，那么在对 B 国的出口商品上 A 国将比 C 国更具价格优势，在 B 国进口商品需求一定的条件下，C 国在 B 国进口市场上的份额必然因为 A 国的挤占而下降。C 国贸易收入的下降则会引发国内相关部门经营状况乃至整个国民经济状况的恶化，诱发投机者对其货币发动冲击，形成货币危机的传染。②如果 C 国主动实施货币贬值来维持或扩大在国际上的市场份额，则可能在出口产品结构相似的国家间造成竞争性贬值的恶果。

☞国际金融危机的金融传染渠道

金融传染渠道是指一国发生货币危机可能造成其市场流动性不足，迫使投资者通过 FDI、银行贷款或资本市场等渠道进行资产清算，导致另一个与其有密切金融联系的市场因流动性不足而引发危机。金融传染渠道同样可以细分为金融直接传染渠道和金融间接传染渠道。

金融直接传染渠道是指一国在发生危机时，通过直接的金融联系将危机传染给另一国，其中最具代表性的就是直接投资。具体来说，直接传染渠道实际是通过资本的流动机制产生效用的。伴随着经济全球化进程的加深，资本在国与国之间的流动也越来越普遍，这一过程也导致了金融危机在各国的传导机制更加复杂，进一步增加了金融危机传染的概率。

金融间接传染渠道是指两个国家间虽无直接投资关系，但均与第三方有金融联系，或者说被传染国与危机国都因为与第三方有大量的金融业务而间接形成密切的联系，从而构成金融传染渠道。这里的第三方可以是跨国银行、国际机构投资者，也可以是保险公司、共同基金、养老基金等。

☞国际金融危机的预期传染渠道

金融危机发生期间，不同市场金融资产的危机传染范围超过了贸易和金融联系解释范畴的危机传染渠道，统一归为危机传染的预期渠道。具体来说可分为经济预期、政治预期、文化相似预期和"羊群效应"传染渠道。

经济预期传染是基于经济基本因素的预期传染，指受影响的国家在具有相似的经济基本面或面临共同的外部冲击时发生的危机传染。

政治预期传染则是由于政治经济同盟在成立时，由于要求成员国必须遵循的汇率政策与国内其他宏观政策之间的冲突，从而埋下了金融危机传染各国的隐患。

文化相似预期传染的意思是，如果一些国家仅在文明、文化背景及发展史上具有共同或相似之处，也会被投资者视为具有相同特点的某一类国家，并认为正是这种类似的特点将导致它们在经济政策的取向、思路上趋于一致，由此便形成了基于文化相似预期的传染机制。

"羊群效应"传染则是指投资者所具有的一种从众心理，即投资者常常根据市场上其他投资者的行为决定自己的选择，从而导致危机的发生或传导。

金融危机的影响在我国显现之后，政府提出了促进经济稳定发展的应对措施，把宏观调控的基调从控制通胀调整为全力保增长，扩大了内需，提供了流动性，并实施积极的财政政策和适度宽松的货币政策，这对应对金融危机是十分必要和正确的。

❖1997 年亚洲金融危机概况

1997 年 7 月 2 日，亚洲金融风暴席卷泰国，泰铢贬值。不久，这场风暴扫过了马来西亚、新加坡、日本、韩国和中国等地，打破了亚洲经济急速发展的景象。亚洲一些经济大国开始萧条，一些国家的政局也开始混乱。

☞亚洲金融危机的发展阶段

1997 年亚洲金融危机大体分为三个阶段：

第一阶段是 1997 年 6 ~ 12 月。1997 年 7 月 2 日，泰国放弃固定汇率制，实行浮动汇率制，引发东南亚金融风暴。在泰铢影响下，菲律宾比索、印度尼西亚盾和马来西亚林吉特相继成为国际炒家的进攻对象。8 月，马来西亚放弃努力，新加坡元受到冲击，印度尼西亚盾受冲击最严重。10 月下旬，国际炒家移师中国香港地区，矛头指向中国香港联系汇率制。中国台湾突然弃守新台币汇率，一天贬值 3.46%，加大了港币和中国香港股市的压力。10 月 23 日，香港恒生指数大跌 1211.47 点；28 日，下跌 1621.80 点，跌破 9000 点大关。面对国际金融炒家的进攻，中国香港特区政府重申不会改变联系汇率制度，恒生指数再上万点大关。11 月中旬，东亚的韩国也爆发金融风暴；17 日，韩元对美元汇率跌至创纪录的 1008∶1；21 日，韩国被迫向 IMF 求援；到 12 月 13 日，韩元对美元汇率又降至 1737.60∶1。韩元危机冲击了在韩国进行大量投资的日本金融业。1997 年下半年日本多家金融机构破产，东南亚金融风暴演变为亚洲金融危机。

第二阶段是1998年1～7月。1998年初，印度尼西亚金融风暴再起，面对有史以来最严重的经济衰退，国际货币基金组织为印度尼西亚制定的对策未能取得预期效果。2月11日，印度尼西亚政府宣布将实行印度尼西亚盾与美元保持固定汇率的联系汇率制，以稳定印度尼西亚盾。此举遭到国际货币基金组织及美国、西欧的一致反对。国际货币基金组织扬言将撤回对印度尼西亚的援助。印度尼西亚陷入政治经济大危机。2月16日，印度尼西亚盾同美元比价跌破10000∶1。受其影响，东南亚汇市再起波澜，新加坡元、马来西亚林吉特、泰铢、菲律宾比索等纷纷下跌。直到4月8日印度尼西亚同国际货币基金组织就一份新的经济改革方案达成协议，东南亚汇市才暂告平静。东南亚金融危机使得与之关系密切的日本经济陷入困境。日元汇率从1997年6月底的115日元兑1美元跌至1998年4月初的133日元兑1美元；5～6月，日元汇率一路下跌，一度接近150日元兑1美元的关口。随着日元的大幅贬值，国际金融形势更加不明朗，亚洲金融危机继续深化。

第三阶段是1998年7月到1998年底，国际炒家损失惨重。1998年8月初，趁美国股市动荡、日元汇率持续下跌之际，国际炒家对中国香港发动新一轮进攻。恒生指数跌至6600多点。中国香港特区政府予以回击，金融管理局动用外汇基金进入股市和期货市场，吸纳国际炒家抛售的港币，将汇市稳定在7.75港元兑换1美元的水平上。经过近一个月的苦斗，国际炒家损失惨重，无法再次实现把中国香港作为"超级提款机"的企图。国际炒家在中国香港失利的同时，在俄罗斯更遭惨败。俄罗斯股市、汇市急剧下跌，引发金融危机乃至经济、政治危机。俄罗斯政策的突变，使得在俄罗斯股市投下巨额资金的国际炒家大伤元气，并带动了美欧国家股市、汇市的全面剧烈波动。到1998年底，俄罗斯经济仍没有摆脱困境。1999年，此次金融危机结束。

☞亚洲金融危机的原因分析

1997 年亚洲金融危机的爆发，原因有直接因素、内在因素和世界经济因素三个方面。

直接因素有以下四个：①国际金融市场上的热钱冲击。②亚洲一些国家的外汇政策不当，为吸引外资，保持固定汇率，但扩大了金融自由化，给国际炒家提供了可乘之机。③为了维持固定汇率制，这些国家长期动用外汇储备弥补逆差，导致外债增加。④这些国家的外债结构不合理，中短期债务较多，难以抵抗资本外逃的冲击。

内在因素有以下几个：①透支性经济高增长和不良资产的膨胀，影响了投资者信心。②市场体制发育不成熟，政府过度干预，金融监管体制不完善。③"出口替代"型模式的缺陷。当经济发展到一定阶段，生产成本提高，出口会受到抑制，引起国际收支不平衡；当出口导向战略成为众多国家的发展战略时，会形成国家间相互挤压，仅靠资源的廉价优势难以保持持续竞争力。亚洲国家在实现高速增长之后，没有解决好这些问题。

世界经济因素有以下几个：①经济全球化带来的负面影响，如民族国家间利益冲撞加剧，资本流动增强，防范危机的难度加大。②不合理的国际分工、贸易和货币体制，对新兴市场国家不利。在生产领域，仍然是发达国家生产高技术产品，欠发达、不发达国家的产品中技术含量逐级下降，最不发达国家只能做装配工作和生产初级产品。在交换领域，发达国家用低价购买初级产品，然后垄断高价推销工业品。

☞中国政府为应对 1997 年亚洲金融危机采取的一系列积极政策

在亚洲金融风暴中，中国承受了巨大的压力，坚持人民币不贬值。由于中国实行比较谨慎的金融政策和前几年采取了一系列防范金融风险的措施，在危机中未受到直接冲击，金融和经济继续保持稳定。为缓解亚洲金融危机，中国政府采取了一系列的积极政策：

一是积极参与国际货币基金组织对亚洲有关国家的援助。1997年金融危机爆发后，中国政府在国际货币基金组织安排的框架内并通过双边渠道，向泰国等提供总额超过40亿美元的援助，向印度尼西亚等提供了进出口信贷和紧急无偿药品援助。

二是中国政府本着高度负责的态度，从维护本地区稳定和发展的大局出发，做出人民币不贬值的决定，承受了巨大压力，付出了很大代价。此举对亚洲乃至世界金融、经济的稳定和发展起到了重要作用。

三是在坚持人民币不贬值的同时，中国政府采取努力扩大内需、刺激经济增长的政策，保持了国内经济的健康和稳定增长，对缓解亚洲经济紧张形势、带动亚洲经济复苏发挥了重要作用。

四是中国与有关各方协调配合，积极参与和推动地区及国际金融合作。时任中国国家主席的江泽民在亚太经济合作组织第六次领导人非正式会议上提出了加强国际合作以制止危机蔓延、改革和完善国际金融体制、尊重有关国家和地区为克服金融危机的自主选择三项主张。时任国家副主席的胡锦涛在1998年12月举行的第二次东盟—中国、日本、韩国领导人非正式会晤和东盟—中国领导人非正式会晤中，进一步强调东亚国家要积极参与国际金融体制改革与调整，当务之急是加强对短期流动资本的调控和监管，主张东亚国家就金融改革等宏观问题进行交流，建议开展副财长和央行副行长级对话，并根据需要适时成立专家小组，深入研究对短期流动资本进行调控的具体途径等。中方的建议得到各方积极响应。

☞对中国的警示意义

回望 1997 年东南亚爆发的金融危机，其波及之广、速度之快、破坏之深，令全球震惊。日渐融入全球化的中国，一方面，经过改革开放以来 30 多年的建设，在金融领域取得了无可争辩的成就，这其中就包括银行、股市、期货和衍生品在内的金融工具在经济生活中的作用日益突出；另一方面，由于发展时间较短、经验不足等，金融市场也存在很多问题，甚至潜伏着诸多危机，中航油、国储铜事件无疑给我们敲响了警钟。如何维护中国的金融安全？吸取东南亚金融危机的教训，关键中的关键是一定要符合国际规范。国际规范是金融业的生命，是必由之路，大势所趋，不可逆转。

❖2007～2008 年全球金融危机

全球金融危机，是指全球金融领域所有或大部分金融指标的急剧恶化，以致影响相关国家或地区乃至全世界经济的稳定与发展。其主要表现有：股市暴跌，这是国际金融危机发生的主要标志之一；资本外逃，这是国际金融危机发生的又一主要标志之一；正常银行信用关系遭到破坏，并伴随银行挤兑、银根奇缺和金融机构大量破产倒闭等现象的出现；官方储备大量减少，货币大幅贬值和"通胀"；出现偿债困难。

2007～2008 年爆发的全球金融危机，又称"2008 年世界金融危机"、"次贷危机"、"信用危机"、"2008 年华尔街金融危机"、"2008 年金融崩溃"，2008 年又出现了"金融海啸"及"华尔街海啸"等名称，是一场在

2007 年 8 月 9 日开始浮现的金融危机。自次级房屋信贷危机爆发后，投资者开始对按揭证券的价值失去信心，引发流动性危机。即使多国中央银行多次向金融市场注入巨额资金，也无法阻止这场金融危机的爆发。这场金融危机导致多家相当大型的金融机构倒闭或被政府接管，并引发经济衰退。

☞过度借贷导致次级房屋信贷危机

美国的过度借贷情况是在松弛的签名承受标准下出现的，以至于成为了美国房贷泡沫的特征之一。信用泛滥并导致大量的次级按揭（次级贷款），投资者认为这些高风险的贷款会被资产证券化缓和。1989 年以来，美国发行 MBS（由美国住房专业银行及储蓄机构利用其贷出的住房抵押贷款，于 20 世纪 60 年代发行的一种资产证券化商品）的主要机构——房利美、房地美、吉利美所发行的 MBS 利率平均高于美国十年期公债利率 137 个基本点，吸引许多法人投资。雷曼兄弟 MBS 指数显示，无论利率升降，自 1996 年以来该指数连续十年都是正报酬，最差的 1999 年也有 2.1% 的报酬率，同时期 MSCI 全球债券指数在 1999 年、2001 年、2005 年却是负报酬率。这个策略似乎以"多米诺骨牌"效应扩展和散布。由失败的资产证券化计划所导致的损害横扫了房屋市场及房屋企业，继而引发了次级房屋信贷危机。这危机令更大量的法院拍卖房屋（简称"法拍屋"）被银行在市场上抛售。这些过量的房屋供应使得周边的住屋价格都大为下跌，使后者容易被法院收回拍卖或被放弃。这个结果为后来的金融危机埋下了伏笔。

北岩银行是首批遭遇冲击的对象之一，它是英国的主流银行。该行已借不到额外资金来偿还 2007 年 9 月中旬的到期债务。由于没有持续现金注入，其所经营的高杠杆性质的业务无法支撑，最终导致其被接管，并形成了很快降临到其他银行和金融机构的灾难的早期迹象。其实受过度借贷影响的公司不只限于美国国家金融服务公司及北岩银行，一些从事按揭证券化的金融机构如贝尔斯登也成为了牺牲品。

事实上，从2006年年底开始，随着美国房价增速趋缓和放贷违约率的小幅升高，美国出现了对房地产泡沫的零星质疑声音。这种质疑声音在2007年初开始放大，并开始受到媒体和社会的关注。2007年3月13日，美国房地产市场的问题第一次引发了股市的恐慌，道琼斯指数下跌242.7点。经营次级房贷的新世纪金融公司于当日被纽交所紧急终止交易，理由是美国证监会认为其面临巨大的流动性危机。自此，次级房贷的风险开始为人们所认识，但人们仍然没有意识到这会给各大投行带来危机。随着标准普尔和穆迪调低次级债评级以及美国新屋销售量的下滑，美国次贷危机愈演愈烈。2007年7月开始，人们对次贷危机的关注焦点转移到投资银行领域，8月9日爆发流动性危机，10月9日道琼斯工业平均指数创历史新高14164点。

2008年7月11日，全美最大的受押公司瓦解。印地麦克银行的资产在他们被紧缩信贷下的压力压垮后被美国联邦人员查封。由于房屋价格的不断下滑以及房屋回赎权丧失率的上升，当天金融市场急剧下跌。2008年9月7日，联邦政府接管了房利美和房地美，但危机仍然继续加剧。随后，危机开始影响那些与房地产无关的普通信贷，进而影响那些与抵押贷款没有直接关系的大型金融机构。

在这些机构拥有的资产里，大多都是从那些与房屋按揭关联的收益中所取得的。对于这些以信用贷款为主要标的的证券，或称信用衍生性商品，原本是用来确保这些金融机构免于倒闭的风险。然而由于次级房屋信贷危机的发生，使得受到这些信用衍生性商品冲击的成员增加了，包括雷曼兄弟、美国国际集团、美林证券和HBOS。而其他公司开始面临压力，包括美国最大的存款及借贷公司华盛顿互惠银行，并影响到大型投资银行摩根士丹利和高盛证券。

☞对银行如何就风险评级的警告

面对次级房屋信贷危机，加拿大著名作家丹·加德纳曾经强烈警告有关银行处理风险的方法，以及现今不负责任的金融体系环环紧扣的本质。他在2006年的《黑天鹅效应》里提出：全球一体化创造出脆弱和紧扣的经济，表面上出现不反复的情况及呈现十分稳定的景象。换言之，它使灾难性的黑天鹅理论（意指不可能的事情）出现，而我们却从未在全球崩溃的威胁下生活过。金融机构不断进行整并而成为少数几间超大型银行，几乎所有的银行都是互相连接的。因此整个金融体系膨胀成一个由这些巨大、相互依存、叠屋架床的银行所组成的生态，一旦其中一个倒下，全部都会垮掉。银行间越趋剧烈的整并似乎有降低金融危机的可能性，然而一旦发生了，这个危机就有全球规模性，并且伤害我们至深。过去的多样化生态是由众多小型银行组成，分别拥有各自的借贷政策，而现在所有的金融机构互相模仿彼此的政策使得整个环境同质性越来越高。确实，失败的几率降低了，但一旦失败发生……结果令我不敢想象。

对于由政府出资的房屋贷款机构房利美，丹·加德纳认为："现在当我看着这场危机，就好比一个人坐在一桶炸药之上，一个最小的打嗝也要去避免。不过不用害怕：他们（房利美）的大批科学家都认为这事'非常不可能'发生。"

从丹·加德纳的警告中可以看出，当时"金融海啸"的强大之处在于，资本市场的中间部门被发现全都是有问题或弊端的。

☞危机引发的一系列连锁事件

环球股灾引发了一系列连锁事件。2008年的事件包括：贝尔斯登被接管；美联储接管房利美和房贷美；美林证券被美国银行收购；雷曼兄弟申请破产；美国宣布7000亿美元救市计划；时任总统布什宣布以134亿美元紧急纾困即将濒临倒闭的通用、福特、克莱斯勒三大车厂；等等。

2009年的事件包括：美国1月失业率升到7.4%。美国总统奥巴马于2月18日签署通过7870亿美元振兴经济方案，即日起正式生效，借由减税、扩大公共建设与社会福利，补助地方政府等措施，来振兴经济，并期望未来两年创造350万个工作机会。3月2日美国财政部及联邦储备委员会再提供给美国国际集团300亿美元资金援助。美国克莱斯勒汽车4月30日宣告申请破产保护，意大利飞雅特汽车将合并重整克莱斯勒。美国5月失业率升高至9.4%，再创26年新高。美国通用汽车公司6月1日向曼哈顿区法庭宣告申请破产保护并组织重整，并由美国和加拿大政府接管，宣布将再裁员1万人。

除美国外，在2009年，德国奇梦达与加拿大北电网路均宣告申请破产保护；德国百货零售与旅游业巨擘Arcandor集团6月向法院申请破产保护，将造成4.3万多人失业。西班牙1月失业率升高到13.3%，创历史新高。受日元大幅升值影响，日本主要的汽车与电子公司财报总亏损超过2.6兆日元。英镑大幅贬值；英国5月失业率攀升至7.3%，失业人数高达227万人，创12年来最高。在此期间，韩元也大幅贬值。

☞对危机的评价

对于2007~2008年全球金融危机，主流经济学家都认为，如果资金流动性危机不解除，全球性衰退将成定局，另有许多媒体认为最佳状况下也会有5年的经济低迷期。

普林斯顿大学教授、《纽约时报》的专栏作家克鲁曼于2009年4月13日在演讲中表示，如果各国政府目前的做法依然不变，甚至认为"金融海啸"

已接近尾声，那么很快史上最惨烈的大萧条即将来袭，因为不管股市反弹与否、数据降幅缩小与否、银行业状况好坏，整体世界经济下坠中并且工作数量持续下坠是不可扭转的既定事实，20世纪30年代"大萧条"也是先有一段看似好转期后第二波主海啸突然来袭；就算在最佳状态的假设成立，真的触底也会陷入日本失落十年的重演，到了底部后就从此盘整再也没有爬起来，而现在与未来的世界形势却比当年日本面对的情况严重十倍。

《货币战争》一书的作者宋鸿兵于2009年3月5日在"美国国债是有史以来最大的骗局"一文中表示："（美国）商业银行体系把它的烂账转移至美国政府的资产负债表上，美国政府再把资产负债表上的烂账转移至每个纳税人的家庭资产……而这一切最终以国债的形式来体现……这些国债谁来买？如果最后卖不动，最后的购买者是谁？那就是美联储。"之后，由于金融危机愈演愈烈，美联储在2009年3月18日宣布将在未来几个月收购3000亿美元的长期美国国债和最多1.25兆美元房利美与房地美发行的抵押贷款支持证券，即所谓的"量化宽松"货币政策。"美联储的真正家底是8200吨黄金储备，但即使将其全部抛售也仅值2700亿美元，连此次购买长期国债的钱都不够。"因此各界评论纷纷指出美联储正在开印钞机救市，而这将导致美元的通货膨胀。

时任伊朗总统的内贾德早在2007年11月20日就已针对美元表示："他们得到了我们的石油，却给了我们一钱不值的废纸（美元）。"为了应对美元贬值将带来的经济危机，伊朗已经把自己外汇储备中的一大部分转为了其他货币，他建议OPEC（石油输出国组织）可以考虑自己推出新货币。2009年3月11日，内贾德更对ECO（经济合作组织）进一步提出了一系列建议，包括成立经济合作发展组织和贸易银行，以及进行货币合作。他说："应在成员国间使用'单一货币'进行贸易，接下来在其他国家和邻国中推行。"

◈ 欧元区债务危机再度发出警示

欧元危机，是指 2008 年世界金融危机爆发之际，冰岛由于国家债务严重超负荷陷入国家破产状态，之后欧元区成员国由于各自负债比例过高，继冰岛国家破产之后相继成为"多米诺骨牌"中的一张，希腊、爱尔兰、葡萄牙、西班牙等国相继陷入国债危机。

☞2009 年欧元债务危机产生的原因

举债发展，是现代资本主义绝对成功的魔法和法宝。但债务要大到什么程度，怎样才能可控，几乎是近 200 年来的资本主义国家一直无法解决的问题，甚至掀起了一浪高过一浪的周期性"经济危机"。可以这样讲，没有"大举债"的大发展，就没有资本主义过去的现代化和资本主义的今天与未来。不管是最强大的美元区还是最富裕的欧元区，债务资本都需要一个"大自然"法则一样的"度"，如水烧到 90 摄氏度就要沸腾，再烧就要蒸发，而低于零度就要结冰，掌握不好这个"度"，再多的财富也可能化为乌有。

2009 年 10 月 20 日浮出水面的希腊债务危机为欧元危机正式拉开了序幕。2009 年，希腊国家负债为 7500 亿欧元（欧元，诞生于 1999 年 1 月 1 日，于 2002 年 1 月 1 日起正式流通），相当于 6.5 万多亿元人民币，约相当于 2009 年中国 GDP 的近 1/4。若再加上欧盟葡萄牙、爱尔兰、希腊、西班牙这"小猪四国"以及欧元最大债务国意大利（因意大利债务为欧元区第一），这次欧元区危机国总债务将超过 3.8 万亿欧元（其中希腊 2360 亿欧元，爱尔兰

8670 亿欧元, 西班牙 1.1 万亿欧元, 葡萄牙 2860 亿欧元, 意大利 1.4 万亿欧元) ①, 与中国 2009 年的 GDP 相当。

随着主权信用评级被降低, 希腊政府的借贷成本大幅提高。希腊政府不得不采取紧缩措施, 希腊国内举行了一轮又一轮罢工活动, 经济发展雪上加霜。至 2012 年 2 月, 希腊仍在依靠德国、法国等国的救援贷款度日。除希腊外, 葡萄牙、爱尔兰和西班牙等国的财政状况也引起投资者关注, 欧洲多国的主权信用评级遭下调。

2012 年 5 月 10 日, 在比利时首都布鲁塞尔, 欧盟委员会负责经济和货币事务的委员奥利·雷恩出席欧盟财长会议后举行的新闻发布会。经过 10 多个小时的漫长谈判, 欧盟成员国财政部长当天凌晨达成一项总额 7500 亿欧元的救助机制, 以帮助可能陷入债务危机的欧元区成员国, 防止希腊债务危机蔓延。这是希腊债务危机爆发以来欧元区再次做出的重要实质性举措。5 月 10 日凌晨, 欧盟推出史上最庞大的救助机制——投放总额高达 7500 亿欧元的急救资金, 以期拯救债务缠身的欧元区国家, 防止希腊债务危机再度蔓延。

债务危机挑战了欧元区整体的稳定性, 使其在全球货币体系中的角色受到挑战, 欧元区由于其联盟国家的债务负担过重导致国家破产, 影响了欧元区货币体系的整体稳定性, 从而导致欧元持续走软。

在实体经济方面, 欧元区危机冲击亚洲出口贸易, 在全球经济尚未复苏的时刻加重了经济复延的困难程度。在虚拟经济方面, 由于欧元持续走软导致亚非拉地区的原材料成本持续上涨, 此举更进一步导致全球股市的走低。

---

① 数据来源于《南方都市报》2010 年 5 月 11 日 C2 版。

☞欧元危机根源远未消除

对于欧元区的潜在危险，德国商业银行首席经济师克莱默尔认为，不排除爆发新的欧元危机的可能性，因为在他看来，欧元危机的根源还远没有被清除。他表示："现在我们看到西班牙、葡萄牙和爱尔兰已经取得一些进展。通过改革，这些国家重新获得了竞争力，这是好事情。但是我始终要说的是，在改革方面我们还没有广泛地取得突破，更不用说最大的危机国家意大利。"

缺乏竞争力，预算赤字过高，缺乏银行监控……所有这些问题都还尚未解决。在结构性改革和财政整顿方面，北欧国家常常受到逼迫南欧危机国家过度节约的指责。克莱默尔说："遗憾的是这些债台高筑的国家没有其他的选择，没有一个经济上可行的方案替代严格的紧缩措施。"如果再爆发新的欧元危机，欧洲央行是否有足够的资金，继续扮演消防队的角色？对于这一问题，克莱默尔的回答是："央行的资金取之不尽，因为它有能力通过电子转账任意从其他央行调款。但是它不能为所欲为的是任意加强其诚信，增加信誉资本。但是当下央行享有极高的信誉。很多外国投资者不像许多德国国民经济学家那样持怀疑态度。这一情况将会持续很长一段时间，或许甚至多年。只是随着时间的推移，欧洲央行不可能通过廉价资金政策来填补像在意大利出现的因缺乏改革导致的真空。"

☞约翰·凯的警示：世界正在陷入新一轮金融危机

希腊的主权债务危机暴露出欧元的潜在风险，而关于欧元前景的争论从来都没有停止过，其中约翰·凯的警示尤其令世人关注。

约翰·凯从1995年开始为英国《金融时报》经济和商业专栏撰稿。他曾经任教于伦敦商学院和牛津大学。他有着非常辉煌的从商经历，曾经创办和壮大了一家咨询公司，然后将其转售。约翰·凯著述甚丰，其中包括《企业成功的基础》、《市场的真相》和《金融投资指南》等。

2013年6月初，英国《金融时报》中文网站刊登了一篇题为《约翰·凯：欧元区可能发生新危机》的文章，称经济学家和专栏作家约翰·凯发出警示：世界正在陷入新一轮金融危机。

约翰·凯花了一年时间为他发表于2013年7月的4万字报告收集材料。他表示这种悲观立场的原因就是，金融服务业所围绕的交易活动有不稳定的倾向。"我们已经接连经历危机，最显著的例子就是20世纪90年代中后期新兴市场的债务危机、新经济泡沫、信贷膨胀和崩溃以及欧元区危机。"

在约翰·凯看来，本质上，这些都是交易危机，整个体系都以交易利润为中心，而交易利润基本上就是向未来借款。当需要偿还这些资金的时候，就会导致危机。他还在演讲中说明，由于人们追求由行情推动的利润，一些类别的资产出现了泡沫。

约翰·凯还表示，他将对欧元的崩溃押下"适度的个人赌注"。不过还有一线希望在于英国，他认为英国政府已经采取了一些改革，如将银行的零售和投资业务分开，从而保护储户免受市场崩溃的损失。而英国以外只有瑞银（UBS）采取了改革。"总的来说，我对经济和金融体系的前景依然感到悲观。"

欧元危机进一步证明：国家信用不是无限额的，这对于全球经济体系是一个重要的警醒，对未来建立国际经济新秩序提供了重要的教育意义。

❖金融危机给中国带来的影响与机遇

21 世纪是金融全球化席卷整个世界的时代，也是国际金融最为动荡的时代。金融是衔接市场经济的巨网，它所有关节点的健康与否直接关系到全球经济发展的全局，金融危机所导致的不仅是金融资产价格的大幅下跌、金融机构的倒闭和金融市场的波动，它直接关系到实体经济的运行情况，左右着世界经济形势的变化。这样的大环境对中国来说，影响是存在的，机遇也是存在的。事实上，亚洲金融危机使中国获得了超越周边邻国的契机，国际金融危机使中国真正荣登世界经济大国地位，中国已经发出了最强音。

☞1997 年亚洲金融危机后的中国

1997 年爆发的亚洲金融危机，打破了亚洲新兴经济体急速发展的状态，亚洲新兴国家经济开始萧条，有些国家甚至出现政局混乱。

面对突如其来的金融危机，以美国为代表的发达国家借助其所处的优势地位，对受援国提出了种种有利于经济渗透和政治控制的条件。中国则以"负责任大国"的态度，坚持人民币不贬值以稳定区域局面，通过双边援助和国际机构的方式支持东南亚国家的经济发展。

亚洲金融危机使中国迎来了改善国际形象的一个转折点，转变为一个"负责任的大国"。中国在金融危机中"助人为乐"的救助起到了"无心插柳柳成荫"的作用，它在中国改善国际形象方面所起的作用影响深远，真正改变了中国的国际形象。2003 年泰国曼谷的一次民意调查显示，76% 左右的泰国人把中国当作泰国最亲密的朋友，而只有 9% 的泰国人对美国印象好。

亚洲金融危机之后，中国吸取金融危机的经验教训，从亚洲金融危机中看到了症结所在，对金融体系和经济发展方式进行了调整，在宏观经济、金融体系、国有企业改革、社会建设和社会管理体制改革等方面做了大量工作，从而为中国经济进一步发展做了充分的准备。亚洲金融危机后的 10 年，是中国经济高速发展的黄金 10 年。

☞2007～2008 年全球金融危机后的中国

2007～2008 年爆发的全球金融危机的"蝴蝶效应"肆虐美国，就在美国大量投资银行和商业银行接连破产倒闭的同时，其他发达国家也出现了金融机构破产、金融市场流动性严重不足、股市和商品价格狂跌等危机现象，金融海啸开始席卷全球。金融伴随着国际政治经济局势发生动荡，金融危机使冰岛、巴基斯坦等国濒临破产，日本经济在"失去十年"的基础上雪上加霜，世界经济哀声遍野。

在经济全球化、一体化的背景下，中国经济和世界经济紧密相连，中国也难以从突如其来的金融危机中独善其身，国际金融动荡对中国经济的破坏在所难免。

面对金融危机，中国展现出了强大的经济实力，被世界各国贴上"危机救火队"的标签，世界影响力进一步凸显。中国在加强对经济的刺激和救助措施的同时，主张各国、各地区之间加强合作，充分利用手中的外汇、现金，以区域合作、全球合作应对金融危机。

全球金融危机打破了美国华尔街的神话，对原有的金融意识、经济模式、转型目标均造成了一定冲击，其坚定了中国进行经济改革和金融改革的决心。

直至目前，西方发达国家还在金融危机所导致的后遗症中挣扎，中国早已从金融危机中崛起，正走在经济转型的改革热潮中，引领世界经济的发展。

☞金融危机给中国带来的影响与机遇

中国在两次金融危机中所展现的谋略与胆识，不仅使中国自己的损失降到最低，还增加了周边国家乃至整个世界的抗风险能力，同时更提高了中国在区域、次区域的经济影响力和政治影响力，提高了中国的世界地位。

金融危机爆发后，因外部需求下降，中国自然要在启动加强内需上取得更大的实效，新一轮农村改革就是举措之一。同时，我们转型的阻力可能减小，这势必帮助我们顺势而为、抓住休整期加快转型，淘汰一批生命力不强、档次低、污染严重、耗能大的企业，发展一批生命力强、科技含量高、有竞争能力的企业，还有利于中国企业走出去兼并知名企业、占领市场，可能给中国产业升级带来机遇。制造业的全球战略转移、产业升级和产业结构调整、海外企业并购、人民币国际化等，这是金融危机对中国经济的"倒逼"作用。

尽管中国也受到金融危机的冲击，但三大因素将帮助中国较好地应对这场金融危机。这三大因素是：中国具有庞大的外汇储备；中国存在资本管制，这就为中国筑起了一道"防火墙"；中国货币政策稳健，中国政府过去几年都实现了财政盈余。由于有以上良好基础，中国可以通过刺激内需来促进经济发展。在刺激内需方面，中国可以增加农村投入、实现产业升级、加强教育和医疗开支等。目前中国具有国际大视野的"一带一路"战略、"亚投行"战略等，使中国在世界的话语权逐步增强，在亚洲的政治经济事务中正在恢复已经丢失几百年的主导地位。

总之，金融在给经济发展带来便利的同时也蕴藏着新的风险，如果出问题，往往具有突发性和全局性，并且更具破坏力。世界性的金融危机使我们充分认识到，在世界金融体系中我们必须拥有充分的话语权，同时，在互补互利，相互依托，共创生机的区域、次区域的经济合作中，中国也要不失时机地增强在区域和次区域的影响力和主导权。

第三章　金融地图：当今世界
金融博弈格局

从 21 世纪开始，国际金融格局产生了诸多变化，尤其是中美之间的金融博弈与合作、亚太地区形势对于中国的机遇与挑战、特别提款权的未来前景，以及其他国家和地区的金融博弈等，会使未来的国际金融格局产生新的变化趋势。作为世界上最大的发展中国家，中国成为了国际金融格局中的重要角色，发挥越来越重要的作用，推动了地区和世界经济的发展。

❖中美金融合作问题与策略

2008 年全球金融危机之后，金融合作迅速上升为中美战略与经济对话的核心内容之一，并取得了丰硕成果，但在国际金融体系改革和金融监管领域尚缺乏实质性的合作成果。中美金融合作存在明确而显著的内在需求，未来的发展前景十分广阔。推动中美双边金融合作，将显著增强中美两国的战略互信，有助于构建新型大国关系，并为全球金融治理做出贡献。

☞中美金融体系的区别

金融体系被划分为以间接融资为特点的银行主导型金融体系和以直接融资为特点的市场主导型金融体系。直接融资通常指股票和债券融资，间接融资通常指银行贷款。这种比例关系既反映了一国的金融结构，也反映了一国中两种金融组织方式对实体经济的支持和贡献程度。

一是融资方式不同。美国金融市场起着重要的资源配置作用，以股票、债券及金融衍生品等为核心，从规模、产品多样性、创新速度来看，美国金融市场都是世界上最为成熟的市场。中国虽然初步构建了一个市场化的金融体系，但银行业仍居主导性地位，是典型的银行主导型金融体系。

二是政府干预程度不同。美国是市场主导，政府极少干预金融市场；中国虽然是以市场为主，但政府对市场的干预度较高。美国往往只是在金融危机出现的时候才干预市场，对市场的自发行为不能及时纠正；中国对市场的干预是通过宏观调控进行的，对市场进行适时适度的干预，但这种干预有时会扭曲市场。

三是金融对产业转型的促进作用。美国金融市场直接促进了产业升级，力度很大，反映了市场需求。发达的资本市场及高度市场化激励约束机制，科研创新能力与金融创新能力完美结合，成为美国经济核心竞争力最重要的制度基础。中国金融仍以银行为主导，对银行来说，高科技转化项目风险很高，不愿对其提供信用支持，导致储蓄配置效率较低，而民营经济融资、农村金融成为金融体系中最薄弱的环节，由于技术向市场转化或产业化很难，也困扰着产业结构升级和增长模式转型。

四是促进金融创新。美国的市场主导型金融体系最具创新性，这种创新不断推动金融变革，如以资产证券化为核心的金融创新，以外汇期货、利率期货、股指期货等转嫁和防范风险的金融期货创新。中国的现行金融体制在许多方面不利于金融创新，有待深化改革。金融监管体系不透明，市场操纵、内幕交易常见，因此需要政府的强力改革措施。

☞中美金融合作存在的问题

事实上，虽然中美金融合作也有很多成效，但也存在金融开放不对等、资本市场差距大以及中国美元储备风险过高等诸多问题。

一是金融开放不对等。关于金融机构的相互准入，中国不断放宽美国金融机构的市场准入和资本准入门槛。以美国为代表的外资银行在中国加速布点，网点覆盖一二线城市甚至一些西部地区，花旗银行已开设村镇银行。其中注册法人银行享受与中资银行同样的待遇和监管政策。但是，美国对中国金融机构准入却有诸多限制，由于进入困难，中资银行主要在纽约设立了分支机构，另外，中国银行还设立了芝加哥分行和洛杉矶分行。因为受美国法律体系和金融审批程序的限制，美国各州的标准有差异，即便是拿到美联储的"准入证"，申请到其他城市开设新分行也不顺利。

二是资本市场差距大。中国的股票市场规模很大，但市场化程度与美国相比，还有很大差距，高质量的上市企业争相到美国上市。中国目前还没有推出国际板，美国的高科技企业无法到中国上市，还无法分享业绩优良的美国企业的投资增长。但是，美国资本市场是中国企业海外上市融资的重要渠道。

三是中国持有美国国债的风险很高。在全球贸易失衡中，中国积累了非常庞大的外汇储备，这是由于国际货币体系的美元国际货币的地位造成的，但是在美元贬值寻求其国际收支平衡的过程中，中国的美元资产蒙受了巨大损失。金融危机以来发达国家轮番实行宽松的货币政策，其货币轮番贬值，货币宽松政策导致的通货膨胀已经削弱了中国持有的美国国债的实际价值。外汇储备规模过大，人民币占款增长过快，造成了中国国内的通货膨胀。

☞中美金融合作的基本策略

国际金融论坛（IFF）联合主席、澳大利亚前总理陆克文于 2014 年 10 月在北京举行的"国际金融论坛"上谈到中国经济崛起时说，中国将扮演"更重要"的角色，国际社会应有心理准备。他肯定了中国的经济、贸易、投资、资本市场和货币在全球的重要性，因为它们都是未来中国和美国这对新型大国关系当中重要的元素。如果中国和美国建立好一个新型的大国关系，就能培植出一个更强有力的全球经济和更强有力的金融体系。由此可见，继续加强中美金融合作，确定中美金融合作的方向，是中美双方的实现需求。

有专家指出，加强中美金融合作应该采取以下策略：

一是加强与美国的金融合作。要借鉴美国金融制度。美国金融制度非常成熟和有效，以市场为主导的金融模式为中国金融市场的转型提供了目标模式。中国需要调整现有金融市场结构，不断提高直接融资的比例，推动融资格局由间接融资为主向直接融资为主转变，构建以直接融资为主的金融市场体系，全面发展资本市场，通过技术和金融的结合实现产业结构升级。借鉴美国金融创新和金融促进产业升级的经验，应该在制度上鼓励金融创新，通过金融创新，加强金融服务，促进产业升级，要有自主的金融创新。

二是要求美国加大金融市场开放度。在中美经济与战略对话中，将呼吁美国进一步对中国金融机构和投资企业开放市场，要求美国加大金融开放力度作为重点问题向美国提出，要求开放对等。例如，对中国金融机构的申请应提供与其他金融机构相同的监管标准，并加快审批进度；要求美国加快对中国金融机构的金融业务开放；要求在中国金融机构并购美股金融机构时适当减少审批程序。

三是推进人民币国际化。周期性的全球经济失衡的根源在于现行的以美元为核心的国际货币体系的内在缺陷，只有进行改革，建立多元货币储备体系，才能减少对美元的依赖。我国应抓住这个战略机遇期，使货币地位与世界经济地位相对等，积极推进人民币国际化，使人民币积极发挥贸易结算、投资交易、储备货币的功能。如果海外的人民币资金有足够的量，中国的货币、信贷、人民币的结汇政策都会发生根本性变化，会对中国的投资、资本市场国际化、股票市场的国际化、基金行业等产生深远影响。

四是调整中国外汇储备结构。首先，要降低美国国债在外汇储备中的比例。目前美国国债在中国外汇储备中的比例约为30％，应逐渐降低其比例，先减少到20％，如果条件允许就减到10％的理想状态。其次，要探索和拓展外汇储备多层次使用渠道和方式。进一步提高外汇储备的经营管理水平，稳步推进多元化市场投资，实现外汇储备安全、流动和保值增值的目标。运用外汇储备支持国家战略外资储备、大型金融机构和有条件的各类企业"走出去"，推进海外投资公司发展，企业投资要与美国的金融结合。加大对全球有高收益价值的区域投资以及中国经济发展急需的战略物资——大宗商品的进口等。再次，从世界经济战略出发，中国应支持欧元，加强对欧金融合作，让欧元成为制衡美元的重要力量。中国减少购买美元国债，可以加大购买欧元国债的比例。

五是深化中国金融改革。中国金融改革是金融深化的过程，从长远来看，是不断放松金融管制、减少政府干预的过程。采取的措施有：①放开资本项目的人民币自由兑换。一国货币只有实行自由兑换后才可能在国际范围内充当价值尺度、流通手段、支付手段和储藏手段等功能。因此，实现资本项目可兑换，才能更快地推进人民币国际化。②推动利率市场化。放松利率管制，推动市场配置资源，让市场决定资产价格，才能实现利率市场化改革的目标。③推进多层次资本市场发展。要进一步发展和完善包括股票、债券、基金、期货、金融衍生品以及其他资本市场工具的多层次资本市场，应当规范和完善资本市场的市场管理制度，保护中小投资者利益。借鉴美国资本市场的透明性监管制度，加强对资本市场的有效监管。

中美两国乃至世界众多的有识之士也日益认识到，中美经济关系已经远远超出双边范畴，越来越具有全球性影响。在这样的背景下，中美金融合作应顺应时代变化，加强沟通、交流、对话，实现大调整、大协调、大发展。为此，中国正在为两国金融领域的调整和协调做着积极努力。

❖ 亚太地区机遇大于挑战

亚太地区是亚洲地区和太平洋沿岸地区的简称。广义上，可以包括整个环太平洋地区。太平洋东西两岸的国家和地区，包括加拿大、美国、墨西哥、秘鲁、智利等南北美洲的国家和太平洋西岸的俄罗斯远东地区、日本、韩国、中国及中国台湾地区和中国香港地区、东盟各国和大洋洲的澳大利亚、新西兰等国家和地区。

亚太地区已成为全球最具潜能和活力的地区，我国也将面临"冷战"结束后第二个战略压力显著上升的时期。虽然亚太格局面临深刻调整，但我国面临的机遇仍然大于挑战。如何在冲突与挑战中把握机遇，是一个值得深思的问题。

☞亚太地区的经济形势

亚太地区在全球政治中的地位持续提升，其力量结构处于重要变动时期，各国利益关系趋向复杂。随着全球经济一体化进程加快，亚太地区经济合作发展的优势得以进一步显现。联合国亚洲及太平洋经济社会委员会在曼谷发布的 2013 年年终报告称，受区域内外因素的共同影响，亚太地区发展中国家的经济将保持缓慢增长。报告预测称，亚太地区发展中经济体 2014 年的经济增速为 5.6%，高于 2013 年 5.2% 的经济增速，但仍低于亚太经社会此前做出的 6.0% 的预测。经济缓慢提升将成为亚太地区发展中经济体未来几年的新常态，但经济发展速度仍快于全球平均水平。

20 世纪 80 年代末，随着"冷战"的结束，国际形势日趋缓和，经济全球化、贸易投资自由化和区域集团化的趋势渐成为潮流。同时，亚洲地区在世界经济中的比重也明显上升。在此背景下，1989 年 11 月亚太经济合作组织成立。自成立以来，亚太经济合作组织在推动区域和全球范围的贸易投资自由化和便利化、开展经济技术合作方面不断取得进展，为加强区域经济合作、促进亚太地区经济发展和共同繁荣做出了突出贡献。

除此以外，中国—东盟自贸区（即"10 + 1"）和东盟十国与中日韩合作机制（即"10 + 3"），使得双边贸易与经济增长有了长足发展，双边政治互信不断增强，成员国在世界经济中的地位和竞争力得到提高。区域经济一体化进程正稳步向前。

☞亚太地区的政治局势

亚太地区政治力量有两个显著特点：一是大国集中，世界七个最有影响的大国中有四个在亚太地区，即中国、美国、日本、俄罗斯；二是中小国家联合。

具体来说表现为以下两点：一是亚太地区局势总体保持稳定，但可能导致危机和冲突的潜在威胁增多。随着影响安全的因素由传统安全领域逐渐向非传统安全领域扩展，为共同应对恐怖主义、大规模杀伤性武器扩散、自然灾害等非传统安全威胁，维护地区局势的和平稳定，亚太地区有关双边和多边合作不断加强，有力推动了地区和平力量的增长，为整个地区保持稳定提供了深层次的内在动力。但与此同时，亚太地区还存在诸多不稳定因素，如作为"冷战遗产"的朝鲜半岛问题、领土和海洋权益争端以及非传统威胁（恐怖主义、大规模杀伤性武器、水资源争端等）。一些亚太国家间的关系并不稳定，在特定条件下矛盾有可能激化，甚至引起冲突。

二是多极化趋势在该地区表现明显，多种力量相互制衡、消长和并存。亚太地区有美国、中国、俄罗斯、日本四个力量中心。同时，该地区一些新生力量（如印度、韩国、澳大利亚等）正在发展，其在未来亚太地区政治格局中的地位会越来越重要，也会加速亚太地区向多极化方向发展。亚太地区新的政治格局的形成是"冷战"后亚太地区各种力量分化和组合的结果。

☞中国的机遇与努力

在经济方面，在当今的世界，任何一个国家和地区都不可能脱离一个区域共同体而封闭发展。只有加强区域内政府间的合作，才能逐步消减行政区域之间的市场壁垒，实现经济利益上的互惠共荣，从而通过提升区域整体竞争力来参与全球的经济竞争。

为促进亚太区域经济一体化进程，有以下三点建议：①一体化应该分阶段进行，可以先在经济发展情况相近的国家中展开。②应停止区内大国在亚太地区的主导权之争。各国应以实现经济利益最大化为首要目的，谋求政治利益为次。各国间的合作应以平等、互利、互惠为基础。③制度、文化的相似性能增强各成员对合作伙伴的认同感，因此应重视文化因素对实现经济一体化的作用。

在政治方面，虽然中国与周边一些国家之间存在许多不稳定和不确定因素，但互相之间的需求也在不断增加；国家之间既相互尊重，又相互制约，共同利益和利害冲突交织。为此，中国应坚持"以邻为伴、与邻为善"、"睦邻、安邻、富邻"的对外政策，提升对周边国家的影响力；稳步推进军事化现代改革，增强国防实力，缓解中国承受的外部军事压力；秉承"负责任大国"的态度处理国际和周边事务，在地区事务中承担更大的责任，提升在亚太地区的政治威望和影响力。

利益复杂交织、合作与竞争并存，是新的历史条件下中美关系的基本特征。由于美国的战略操控，中国面临的周边战略压力增强。美国强化亚太军事同盟体系，试图推进建立基于规则的国际秩序，构建一个跨太平洋的安全体系；把中国崛起与"不安全"、"恃强凌弱"联系在一起，严重损害了中国的形象。对此，中国应该强化与亚太国家的经济、政治、军事、文化交流，增强战略互信，尽量减少因战略误判引起的摩擦和冲突升级，让他国感受到更多的是中国繁荣强大带来的安全及利益，而不是威胁。在处理与亚太国家的关系时，加强更为广泛的双边和多边合作，增强各国对中国的信任感和依存度，引领更多国家发展对华友好关系。

◈ 特别提款权的未来前景

特别提款权亦称"纸黄金"，是 IMF 创设的一种储备资产和记账单位。

它是国际货币基金组织分配给会员国的一种使用资金的权利。会员国在发生国际收支逆差时，可用它向基金组织指定的其他会员国换取外汇，以偿付国际收支逆差或偿还基金组织的贷款，还可与黄金、自由兑换货币一样充当国际储备。但由于其只是一种记账单位，不是真正货币，使用时必须先换成其他货币，不能直接用于贸易或非贸易的支付。因为它是国际货币基金组织原有的对普通提款权的一种补充，所以称为特别提款权。

全球性金融危机反映出以主权信用货币作为主要国际储备货币的国际货币体系存在的内在缺陷和系统性风险。随着世界经济多元化和区域一体化的深入发展，围绕国际金融领域领导权的斗争日益激烈。对特别提款权进行改造，以适应国际货币金融体系的深刻变化，是人们一直探讨的话题。特别是当前的全球经济危机，让人们更加深刻地认识到，一国利益与他国利益、国家利益与全球利益越来越密不可分。

☞**特别提款权一篮子货币组成**

目前的特别提款权一篮子货币组成中，只有美元、欧元、日元和英镑。特别提款权的核心理念一方面是通过替代账户来维持美元的稳定，各国用美元购买 IMF 的特别提款权，避免美元在市场上波动而导致崩溃；另一方面，特别提款权让贸易盈余国承担更多调整的责任，即将消费需求从赤字国转向盈余国，以帮助全球走出经济衰退或通货紧缩阴影。

国际货币基金组织应该是基于特别提款权的组织，其任何一笔交易都应该基于特别提款权。最简单的方式就是把特别提款权的分配作为中央银行储蓄放在 IMF，特别提款权的分配与中央银行在 IMF 的存款挂钩。IMF 可以像中央银行一样进行借贷而不是依据份额或安排进行借贷，使得 IMF 与各国联系更加紧密。特别提款权的发行应该采取逆周期方式，使危机时期的分配能克服凯恩斯的通货膨胀问题。所有国家应该分配特别提款权，那些没有充足储备的国家可以从富裕的国家借款。

特别提款权的货币篮子应反映世界经济的真实情况。一些新兴市场国家的货币应该被加入货币篮子，人民币是最有潜力进入这个篮子的货币。如果人民币能够进入特别提款权的货币篮子，将有助于加快国际货币体系改革。中国应该增强人民币汇率弹性，快速放开汇率管制，推进资本账户有条件的自由化。目前中国资本账户还没有开放的领域包括债务融资、直接投资和证券投资，其中证券投资最为复杂。

特别提款权是虚拟货币与真实货币的结合体。尽管特别提款权是人为创造的，但是它能够用来支付，因而对接受者来说是实际的货币。因此，特别提款权的分配对于发展中国家很具有吸引力。创造特别提款权不仅出于流动性考虑，也出于改进体系和为发展中国家提供支持的需要。关于特别提款权在国际货币体系中的前景，魏本华认为，如果想把特别提款权转变成为硬通货，就不得不时刻准备着对其进行支付；如果其他新兴市场国家想要加入篮子，就不得不准备成为危机时的贷款人。

历次危机使人们意识到，拥有大量外汇储备的国家可以更好地经受住国际金融市场变幻莫测的风险。一些国家出于预防性动机积累了大量的外汇储备，特别是为了防范未来与资本账户和经常账户逆转相关联的危机。不过，这些外汇储备同时也减少了全球总需求。尽管特别提款权的发行量很小，只能弥补部分全球总需求的不足，但即使小规模发行，也有助于世界经济的复苏，并且不至于带来通货膨胀压力。此外，储备的积累会加剧全球经济失衡，因而发行特别提款权可以减少这些国家对储备积累的需要，进而有助于减少全球经济的失衡。

☞特别提款权法律变革的前景展望

国际货币基金组织曾于 1996 年 3 月专门就特别提款权未来的发展开了一次研讨会，就国际金融体系发生变化的背景下特别提款权未来职能与作用展开广泛讨论。对于特别提款权改革的具体意见，一种倾向是从发达国家的利益出发，认为特别提款权的作用有限，现行国际货币体系基本满足世界经济发展的需要，因而无须对特别提款权进行大的改革。相反，很多发展中国家对特别提款权寄予厚望，希望特别提款权能发挥更大的作用，因而需要对其进行全面的重造。可见，对特别提款权进行变革并非简单地修改几条法律条文，背后是国家利益之争。

就目前发达国家同发展中国家的实力对比来看，要想对特别提款权进行颠覆式变革是不现实的。但是，随着经济全球化的深入发展，无论主观上是否愿意，这种不可阻挡的历史潮流客观上导致了世界各国利益愈加紧密地联系在一起，越来越呈现出一荣俱荣、一损俱损的局面。而人民币成为国际货币基金组织特别提款权的一部分，并不仅仅是一个象征意义，它会使得世界金融体系更加平衡。

当前国际社会一方面必须认识到国际货币体系改革的必要性和紧迫性，采取积极措施提高特别提款权在国际货币体系中的地位；另一方面，必须深入探讨特别提款权发展为"超主权国家货币"过程中面临的利益和风险问题，这些问题如不能妥善解决，特别提款权的推行、国际货币体系改革的前景都会受到影响。

现在，国际货币制度处于后美元时期的混乱状态，改革与发展已是势在必行，而使世界经济能够顺利走出经济危机的阴影和为世界经济的未来寻找一个适应发展的新思路，是国际货币制度改革发展的目标之一，也是当前世界各经济体都要面临的艰难抉择。展望未来，国际货币制度改革发展最直接的解决方法就是产生一种新生货币，其地位凌驾于全球各经济体自身货币之上，各经济体可以保留自身货币，也可以直接使用此货币作为官方货币，货币发行产生的巨大利益，由全球各经济体每年或每数年进行一次磋商，然后通过国际货币基金组织来实现相对公平的分配。

❖其他国家和地区的金融博弈

金融安全的核心是国家利益，每个国家追求自身利益最大化的过程不可能是自发统一和协调的，而是充满了对立和冲突。美元与欧元间的战略博弈、亚洲"10＋3"金融战略合作，反映了全球化不仅意味着生产要素的流动跨越国界，还意味着各国政策的影响相互交叉。

☞美元与欧元间的战略博弈

欧元的建立，仅仅是为了规避美元对欧洲内部贸易的影响，同时建立一个未来可以替代美元的货币，至少是区域性货币，从而真正实现欧洲一体化。虽然欧元在近期内尚不足以撼动美元的霸主地位，但其在建设多极化国际金融新体系建设中的积极作用是不容忽视的。

一直以来，美元和欧元处于博弈的状态。美国要想摆脱眼下的危机，必然拿欧元开刀，而欧盟要想有一个良好的发展空间，必然针对美国开火。因此，美元与欧元在接下来的时间里必然继续博弈。

用美日经济关系来类比欧美经济关系可以看出，无论是日本还是欧洲，对美国的全球经济战略利益构成威胁，都是美国所不能允许的，都必将遭到美国通过货币博弈方式进行的打压；欧元从产生、发展及至今天所发生的危机，整个过程都是在美国的"掌控"之中。欧元这一曾被认为可能取代美元的新世界货币，随着全球金融危机的不断深化，却面临着可能解体的危机。欧元危机是美国控制的世界经济、货币体系内美欧经济博弈的必然结果。

☞亚洲 "10＋3" 金融战略合作

区域经济一体化已成为全球化进程中的重要组成部分。如何加强东亚地区的金融经济合作，以形成美国、欧盟和东亚"三足鼎立"之势，这已成为东亚各国共同关心和亟待深入研究的一个战略问题，而"10＋3"金融战略合作就是其中的成果之一。

2000年11月，第四次东盟与中日韩三国领导人会晤，即"10＋3"会议，去掉了"非正式"一词，标志着"10＋3"经济合作机制开始走上制度化的轨道。中日韩三国的合作，归根结底是三国间战略利益的需要。在中日、日韩与中韩三对关系中，中日关系最为复杂和微妙。当然，全球金融危机为中日韩三方合作提供了契机，使得三方找到了一个话题以展开对话；但在金融危机之后，长期战略合作的基础又在哪里呢？在政治、军事等敏感领域，无疑暂时不能找到合作方向；在其他领域，如能源安全、海上通道安全、跨国犯罪、恐怖主义和传染病扩散等，三方应该有着对话基础；而在金融领域的战略合作，并不能毕其功于一役，合作还有很长的路要走。

2012年是中国—东盟友好合作关系全面深入发展的一年。中国与东盟国家在"10＋3"合作框架下，务实推进清迈倡议的多边化，共同参与设立了总规模为2400亿美元的亚洲区域外汇储备库，中国人民银行与马来西亚、印度尼西亚、新加坡、泰国等东盟国家央行签署了累计达5000亿元的双边本币互换协议，对于提升双边贸易投资便利化、解决流动性与国际收支平衡、维护区域金融稳定发挥了重要作用。同时，双方就金融监管合作达成了多项共识。

总之，全球化背景下的金融博弈过程非常复杂，安分守己、做好自己的本分并不会自然实现国家利益的帕累托最优。因此，在混乱的国际金融博弈中，谁占据先机，谁主导格局，甚至谁引导失序，谁就能取得更有利的发展契机。就中国而言，国家金融安全的底线思维就是防范系统性金融风险，确保金融充分支持实体经济，并以此作为实现中华民族伟大复兴"中国梦"的主要基石。

❖ 国际金融的利益博弈与前景

在2000年欧元逐步崛起、美元地位下降的趋势下，欧盟也迎来了与美国争夺话语权的新契机；亚洲新兴经济体和OPEC成员国实力与地位的提高，也为其参与改革国际金融体系提供了实力基础。目前，全球对今后各国携手深入合作抱有很高的期待。

☞全球金融格局变迁或将持续30年

众所周知，尽管美国的实力不可避免地在下降，但基于金融主导国的综合实力以及话语权惯性，其他国家要在短期内取代美国的地位并不现实。

从历史的视角观察，全球金融格局变迁或将持续30年才能最终定局。美联储在1913年成立后即成为全球最强中央银行。两次世界大战摧毁了金本位制，美国之外的资本主义经济全面崩溃，美国借此登上全球首席经济强国宝座：全球75%的黄金储备流入美国；1944年召开的布雷顿森林体系宣告美元加冕全球货币王位。美元成为全球最重要或几乎唯一的储备货币、国际清算货币、价值储藏手段、金融交易货币和财富计价单位。1913～1944年，美国花了31年才从英国人手里接过"全球金融权杖"。要从满身密布金融神经的英国人手里夺过金融主导权殊为不易，若不是两次世界大战耗尽了英国的国力，美国恐怕不会如此顺利地实现梦寐以求的目标。而今，国际金融格局变迁面临的环境与60余年前相比大为不同，在相对和平时期实现格局的平稳过渡和转换，不仅需要经济实力成长，更需要后起国家提高博弈水准。

☞步履蹒跚的欧洲可能被进一步边缘化

欧洲的老牌金融强国，假如不能领导新一轮经济革命，则其在全球经济治理中的地位将在10年后被边缘化。历史是一面最好的镜子。曾经的世界超级强国英国之所以从"日不落帝国"的终点又回到偏居英伦三岛的起点，除了过度使用力量之外，还因为英国统治者沉湎于金融业的表面繁荣而忽视了实体经济的发展，尤其是技术进步和产业升级。如今，被福利资本主义和糟糕财政政策拖累的欧洲正受困于欧债危机，再次走到了命运的十字路口。

☞美国大概还有10年的"美元红利"期

第二次世界大战之后，美国一直握有世界金融大权，任何实质性的挑战都会遭到其打压，即使是盟友日本和欧盟也不例外。从日本泡沫经济的破灭，到亚洲金融危机的爆发，再到欧元的跌宕表现，背后都可察觉到美国的操纵轨迹。假如在不久的将来，新兴经济体意欲谋求更大话语权，相信美国的金融寡头及其代言人美国政府是不会袖手旁观的。

在美国对国际金融与货币体系的影响力相对削弱的情况下，新兴经济体要博得更大的话语权，既有赖于自身的实力成长，还取决于金融主导国的意愿。而主要发达国家基于本国利益的考虑，决不会轻易让新兴经济体成为积极主导力量。

有学者估计，美国大概还有 10 年的"美元红利"期。只有当新兴经济体拥有了比肩美元的金融力量工具，美国才有可能真正坐下来和其他国家商讨国际货币体系改革。但在这一天到来之前，大家不要指望美国主动放弃储备货币发行国的地位。

历史经验表明，国际金融新秩序的重建不可能在短期内实现，何况目前全球对金融新秩序并未达成广泛的共识，各种力量之间必然要经历较长时间的艰难复杂博弈。但有一点可以肯定，就是"一美独大"的国际金融格局将被打破，新兴经济体正逐步参与到相对公平、合理的制度建设中来。

第四章　发展之路：大国崛起的
中国金融战略

大国崛起要有大国金融战略的配合与支持。中国的金融战略应研究金融战略与地缘政治形势，积极发展友好合作关系；建设资本市场，为经济建设输送血液；建立健全金融市场体系，保障经济崛起；改善融资条件，帮助中小企业突破融资困境；打破国富民穷的格局，实现藏富于民；正视全球经济及能源新局势，制定和实施能源战略。这是我们的发展之路。

◈ 中国改革开放以来的金融改革

改革开放以来，我国金融业在改革创新中不断发展壮大，金融机构和从业人员数量大幅增加，金融规模明显扩大，各种不同性质的银行机构遍布全国，承担着吸收存款、发放贷款的职能，保险机构从小到大、证券机构从无到有，呈现出快速发展的势头，初步形成了银行、证券、保险等功能比较齐全的金融机构体系。金融业的不断发展壮大对优化资源配置、支持经济改革、促进经济平稳快速发展和维护社会稳定发挥了重要作用。

☞1978～1984 年中国金融改革历程和成就

中国的金融体制改革从 1978 年真正开始。1978 年 12 月，中国金融改革开放拉开大幕，经过这段时间的发展，中央银行制度框架基本确立，主要国有商业银行基本成型，资本市场上股票开始发行，保险业开始恢复，适应新时期改革开放要求的金融体系初显雏形。

这段时间的主要标志性事件有：1979 年，中国人民银行开办中短期设备贷款，打破了只允许银行发放流动资金贷款的老框框。1979 年 3 月，根据《关于恢复中国农业银行的通知》，中国农业银行重新恢复成立。同时，决定将中国银行从中国人民银行中分离出去，作为国家指定的外汇专业银行，统一经营和集中管理全国的外汇业务，国家外汇管理局同时设立。1979 年 10 月，第一家信托投资公司——中国国际信托投资公司成立，揭开了信托业发展的序幕。

1983 年 9 月，国务院颁布《关于中国人民银行专门行使中央银行职能的决定》（以下简称《决定》），中央银行制度框架初步确立，《决定》同时规定："成立中国工商银行，承办原来由人民银行办理的工商信贷和储蓄业务"；从 1984 年 1 月 1 日起，中国人民银行不再办理针对企业和个人的信贷业务，成为专门从事金融管理、制定和实施货币政策的政府机构。同时新设中国工商银行，人民银行过去承担的工商信贷和储蓄业务由中国工商银行专业经营。至此，中央银行制度的基本框架初步确立。1984 年 11 月 14 日，经中国人民银行上海分行批准，上海飞乐音响股份有限公司公开向社会发行了不偿还的股票。这是中国改革开放后第一张真正意义上的股票，标志着改革开放后的中国揭开了资本市场的神秘面纱。

☞1985～2001 年中国金融改革历程和成就

这段时期，金融开始向法制化发展，体系更加完善，中国人民银行领导下的商业银行的职能开始逐渐明晰，业务范围开始扩大，银行金融机构开始建立，资本市场开始发展，股票交易、期货等业务陆续规范，使金融体系更加适应市场经济需求，并为推动经济高速发展奠定了基础。

1985 年 1 月 1 日，实行"统一计划，划分资金，实贷实存，相互融通"的信贷资金管理体制。1986 年 1 月，国务院发布《中华人民共和国银行管理暂行条例》，使中国银行业监管向法制化方向迈出了重要的一步。1986 年 7 月，中国人民银行颁布《城市信用合作社管理暂行规定》，城市信用社的发展从此步入正轨。1986～1988 年，我国的城市信用社规模迅速壮大，构成了我国城市信用社现行体制的基本框架。

1990 年 11 月，第一家证券交易所——上海证券交易所成立，自此，中国证券市场的发展开始了一个崭新的篇章。1992 年 10 月，证券委和证监会成立，迈出了我国金融业"分业经营、分业监管"的第一步，标志着中国证券市场统一监管体制开始形成。

1993 年 12 月，国务院颁布《关于金融体制改革的决定》，明确了中国人民银行制定并实施货币政策和实施金融监管的两大职能，并明确提出要把我国的专业银行办成真正的商业银行。至此，专业银行的发展正式定位为商业银行。

☞1994～2001 年中国金融的深度阶段和成就

这个时期的金融改革继续深化，中国人民银行的货币调控职能加强，银行外的金融监管机构有银监会、证监会，银行证券法制化继续深化，金融体系各系统职能更加清晰完善，分工更加明确，期货等新兴金融业继续发展。

1994 年初，三大政策性银行成立，标志着政策性银行体系基本框架建立。1995 年是金融体系法制化的一年，标志着金融监管进入了一个新的历史时期，开始向法制化、规范化迈进。1996 年 7 月，全国农村金融体制改革工作会议召开，农村金融体制改革开启。1996 年 9 月开始，全国 50000 多个农村信用社和 2400 多个县联社逐步与中国农业银行顺利脱钩。1998 年 11 月，中国保险监督管理委员会（简称"中国保监会"）成立，这是保险监管体制的重大改革，标志着我国保险监管机制和分业管理的体制得到了进一步完善。1999 年 5 月，上海期货交易所正式成立。1999 年 7 月，《中华人民共和国证券法》正式实施，对资本市场发展起到巨大作用。

☞中国加入世界贸易组织后的金融改革历程及成就

2001 年 12 月，中国正式加入世界贸易组织，金融业改革步伐加快，并正式分步骤对外开放。2002 年 12 月，中国证监会和中国人民银行联合发布的《合格境外机构投资者境内证券投资管理暂行办法》正式实施，QFII 制度在中国拉开了序幕。这是将中国资本市场纳入全球化资本市场体系迈出的第一步，虽然也带来了巨大的资本市场风险。

《关于国务院机构改革方案的决定》于 2003 年 3 月 10 日发布，批准国务院成立中国银行业监督管理委员会（简称"中国银监会"）。至此，中国金融监管"一行三会"的格局形成。

中央银行在三次变革后，实现了货币政策与银行监管职能的分离，同时，银监会、证监会和保监会全方位地覆盖银行、证券、保险三大市场，分工明确、互相协调的金融分工监管体制形成，中国金融业改革发展进入一个新纪元。2003 年 12 月，中央汇金公司成立，从而明晰了国有银行产权，完善了公司治理结构，督促银行落实各项改革措施，建立起新的国有银行的运行机制。2004 年 2 月，《中华人民共和国银行业监督管理法》正式颁布实施，同时，中国香港特别行政区正式开展人民币业务；2004 年 6 月，《证券投资基金法》正式颁布实施。自 2005 年 7 月 21 日起，我国开始实行以市场供求为基础、参考一篮子货币进行调节、有管理的浮动汇率制度。人民币汇率不再盯住单一美元，形成更富弹性的人民币汇率机制。2006 年 2 月底，中国外汇储备达 8537 亿美元，首次超过日本，跃居世界第一。2008 年 12 月 16 日，国家开发银行股份有限公司挂牌，我国政策性银行改革取得重大进展。

☞**最近 10 年中国金融改革主要进展**

金融危机爆发 10 年以来，中国金融变量增长达好几倍，增长速度比中国GDP 增长还要快，其中货币化、资本化的发展在过去 10 年都几倍于中国GDP 的发展，10 年以来中国金融改革取得以下四项主要进展：

一是国有商业银行的改革。亚洲金融危机后，中国政府对国有商业银行进行了全面改革。目前，工商银行、建设银行和中国银行已初步做到财务重组和上市。三家银行在 H 股市场和 A 股市场的价格反映出投资者对于这些改革基本上是认可的。

二是人民币汇率改革。中国政府认识到汇率体制的重要性，对汇率体制进行了改革，人民币不再盯着单一美元，而是采取了一篮子货币政策。

三是加强金融监管改革。中国政府对金融监管体制进行了多项改革，分业监管方面，中国把银行证券保险完全由人民银行一家监管分成三家，分别成立保监会和银监会，人民银行把证券公司的监管交给了证监会。而中国金融监管越来越向国际标准靠拢。目前中国金融三大监管部门的理念和具体标准不断向国际标准靠齐，这是亚洲金融危机重要的启示。部门合作方面，目前中国的金融监管不仅包括国际合作，也包括内部合作。具体形式为"3 + 2"协调，即三个监管部门加上中央银行和财政部。

四是资本市场改革。亚洲金融危机之后的 10 年也是中国资本市场有实际性发展的 10 年，而资本市场改革最重要的一项改革就是股权分置。同时，中国证券公司治理改革也基本完成。

总之，改革开放 30 多年来，金融改革遵循了一个以市场为取向、渐进化的改革逻辑，改革的巨大成就体现在从整体上突破了传统的计划金融体制模式，基本建立起一个符合现代市场经济要求的市场金融体制模式。

❖大国金融战略与地缘政治形势

金融战略跟地缘政治密不可分，可以这么说，它们就像是手心和手背，有手心就有手背。与中国金融战略息息相关的地缘政治涉及中亚地区、东盟和印度。

☞与中亚睦邻友好，互惠互利

在中亚地区，中国有着切身的政治和经济利益，因此中亚地区对于中国具有特殊的战略地位：在政治方面，中亚地区是中国西北方面的一个安全屏障，特别是在反对民族分裂主义骨干分子、宗教极端势力分子和暴力恐怖犯罪分子，维护新疆社会稳定方面，中亚地区发挥了非常重要的作用；在经济方面，中国和中亚地区的联系也越来越密切，双方占对方贸易的比重越来越大，贸易额增长也越来越快。中国和中亚国家在经济方面有很大的互补性，能源是一个方面，其他方面也是如此。过去能源和矿产资源在双边贸易中占了较大比重，现在其他方面如农业、基础设施等非能源方面的合作也逐渐增加。

上海合作组织（简称"上合组织"）是中国和中亚地区以及俄罗斯开展战略合作的一个重要平台。安全和经济曾经是"上合组织"发展的两个轮子，现在又加上了人文和金融方面的合作。在金融合作方面，要大力推动人民币作为国际支付手段，不要担心我国与中亚地区产生较大的国际收支逆差，鼓励我国金融机构到中亚地区开展国际金融业务。同时，充分利用好"上合组织"这一平台，为人民币在中亚地区的国际化铺平道路。

☞与东盟一衣带水，合作前景广阔

中国与东盟一衣带水，经济、文化交流源远流长，商贸关系已有数千年的历史。但是，中国与东盟开展广泛、密切的经济贸易合作却是近十年的事。中国与东盟对话及合作始于1991年，目前的双边合作包括人力资源开发、金融、旅游、交通、通信、能源等诸多领域，出现了合作日趋深入的良好势头。

2008年1月，我国正式批准实施《广西北部湾经济区发展规划》，规划对广西北部湾经济区的功能定位之一，就是努力建成中国与东盟开放合作的信息交流中心，成为重要国际区域经济合作区，广西在推动中国与东盟信息交流方面肩负着重大使命。广西北部湾经济区主要包括广西南宁市、北海市、钦州市、防城港市所辖区域范围。目前，北部湾经济区核心城市南宁市已成为"中国—东盟博览会"永久承办地。

1991～2005年，中国与东盟的贸易额从近80亿美元增长到1300亿美元，增长了15倍，年均增长率高达20%。截至2006年底，中国和东盟双边贸易额已达1608亿美元，同比增长23.4%。近年来，在东盟已经形成一定规模的人民币存量，为建立人民币的离岸金融市场创造了有利的客观条件，这与20世纪60年代形成欧洲美元市场的情况极为类似。

近年来，我国与东盟在共建中国—东盟新增长极、泛北部湾经济合作与自由贸易区建设、泛北部湾合作机制、产业发展与金融支撑以及中国和东盟"一轴两翼"区域经济发展战略的实施等方面，做了大量工作，取得了可喜的成绩。值得一提的是，目前人民币在东盟各国受到了普遍欢迎，人们在经济活动中已习惯于要么使用本币，要么使用人民币。这种情况，应该引起高度的重视。

☞与印度携手合作，实现龙象共舞

中国和印度同属于"金砖四国"，相似的地方很多。两国都有着历史悠久、人口众多和地域辽阔的特点，且同为亚洲国家，第二次世界大战后几乎同时获得国家独立。30多年前，两国经济大致处在同一起跑线上。随着中国改革开放的推进，两国差距逐渐拉大。20世纪90年代后，印度也加快了改革开放的步伐，促使金融与资本市场快速发展。

"物以类聚，国以群分"。中国与印度这两个天然不凡的东方大国，能够发挥中印合作的巨大力量，携手并重、抱团发力，有以下两个原因。其一，印度与中国如果因为美日挑拨而相互冲突与对抗，肯定会相互耗尽国力，从而耽误以致完全葬送各自的大国崛起前程。其二，更为根本的是，印度与中国除社会制度与意识形态的差别以外，都是亚洲十亿以上的人口大国，都具有超越日本与美国的大国意志与巨大潜力，日本的唯一亚洲领导国家目标，美国的单极世界霸权战略，都具有强烈排他性，尤其是美日要极力维护的霸权国家既得利益，在本质上与中印两国的大国崛起目标都是根本冲突的。一句话，只有中国、印度才具有门当户对、制度不亲道路亲的历史、文明、经历与命运，中国、印度的合作才可能在根本上完全一致。

　　总之，在全球化背景下，金融危机的影响具有了全球性的特点，各国已经越来越意识到发展经济、和平对话才是解决国内、国际矛盾的最佳手段。在地缘政治环境中，中国的金融战略已经取得了显著成果，得到了越来越多的有关各方的认同与支持，一同打造新的经济增长点，促进全球经济发展。

❖ 建设资本市场，为经济建设输送血液

　　20 世纪 70 年代末以来的经济改革大潮，推动了资本市场在中国的出现和成长。中国资本市场从无到有，从小到大，从区域到全国，得到了迅速发展，在很多方面完成了一些发达市场几十年，甚至是上百年的历程。今天，资本市场已经成为我国社会主义市场经济的重要组成部分，总市值居于世界第二。

☞中国资本市场的发展历程

　　与成熟市场自下而上"自然演进"的发展模式不同，中国资本市场是在政府和市场的共同推动下，逐步探索和发展起来的。

　　资本市场出现的直接原因是股份制试点。20 个世纪 80 年代早期，少量企业开始自发地向社会或企业内部发行股票或债券集资，随后逐步形成了"股票热"。1990 年，上海证券交易所、深圳证券交易所两家证券交易所开始营业。

　　在资本市场创建之初，人们还有不少犹豫和争论。1992 年 1 月，邓小平

在南方谈话中指出："证券、股市，这些东西究竟好不好，有没有危险，是不是资本主义独有的东西，社会主义能不能用？允许看，但要坚决地试。"随后，股份制试点进一步扩大，中国资本市场开始了快速发展。同年8月，在深圳发生了因抢购股票而造成混乱的"8·10"事件，暴露出缺乏统一管理体制的弊端。10月，中国证监会成立，标志着市场被纳入统一的监管框架。

1999年7月，《中华人民共和国证券法》实施，以法律形式确定了资本市场的地位，规范了证券发行和交易行为，将资本市场纳入更高层次的发展轨道。2004年，《中华人民共和国证券投资基金法》实施，促进了证券投资基金的发展。在这些法律法规的保障下，银广夏、德隆系等一些重大案件先后得到及时查处，资本市场在不断规范中逐步成长壮大。

2001年11月，中国正式加入世界贸易组织，资本市场也加快了对外开放和国际化发展的步伐，迄今已设立了12家中外合资证券公司和38家中外合资基金管理公司，引入了116家QFII（合格境外机构投资者），并推出了50只QDII（合格境内机构投资者）产品（截至2011年9月底）。

2004年1月，国务院出台《关于推进资本市场改革开放和稳定发展的若干意见》（俗称"国九条"），将大力发展资本市场提升到了完善社会主义市场经济体制、促进国民经济发展的战略高度。2005年5月启动的股权分置改革，使得市场早期制度安排带来的定价机制扭曲得以纠正，打造了一个股份全流通的市场，市场的深度和广度大为拓展。

近年来，我国初步建立起主板、中小板、创业板、代办股份转让系统构成的多层次资本市场体系，以适应多元化的投资与融资需求；上市公司大股东清欠工作共清欠金额数百亿元，保护了中小投资者的利益，提高了上市公司的质量；证券公司的综合治理化解了行业风险，夯实了发展基础；基金业的市场化改革带来了行业的迅速成长，基金规模已占流通市值的近10%，并带来了市场投资理念的深刻转变。

通过这些改革措施，资本市场的法律体系逐步健全，监管规则日臻完善，层次和结构日渐丰富，市场文化更加理性。

☞中国资本市场的发展情况

中国资本市场的发展是中国经济和金融改革的必然产物，随着其功能的逐步健全，资本市场对我国经济和社会的影响也日益增强。

一是市场的成长及其推动力。中国资本市场在短短20多年，取得了非凡成长，成为了全球第二大资本市场。而始于19世纪末期、同为新兴市场的印度和巴西市场，今天位列全球第五和第八。截至2013年8月底，我国有上市公司2273家，总市值25.46万亿元；证券公司109家，基金公司66家，期货公司163家，投资者有效账户数1.3亿，是全球最大的投资者群体。同时，市场的质量也有了较大的提升。2000年前后，《如何做庄》、《如何与庄共舞》等书成为畅销书，而今天资产组合和价值投资等理念逐步成为市场主流。

近年来，我国市场的国际影响力也大大增强。10年前，华尔街大部分交易员从未听说过中国资本市场，而今天，他们早上醒来的第一件事情，就是看看前一天晚上A股市场是涨还是跌。

中国资本市场的快速成长，背后有两个重要的推动力。首先，它受益于中国经济的快速发展。实体经济发展到了一定水平，对金融服务和资本市场的需求成为必然。其次，资本市场的市场化改革，唤起了各个市场参与者的积极性，共同推动了市场的成长。从"包产到户"开始的30多年的市场化改革使中国经济成为了全球第二大经济体，以市场化为明确导向的股权分置、发行体制和基金业等改革，使中国资本市场从一个小池塘变成了今天的汪洋大海。

二是对经济社会发展的推动作用使其成为经济要素市场化配置的重要平台。在现代经济体系中，一国的经济发展速度和运行效率，在很大程度上取决于包括资源、人才、资本、专利等各种经济要素配置的效率。资本市场的兴起和壮大，加速了我国经济要素的配置方式从计划方式向市场方式的转变进程。今天，最具代表性的企业在我国资本市场上进行 IPO、再融资、参与并购，并发展壮大，亿万股票和基金投资者在这里投资，使得这个市场正成为我国市场经济运行和投融资活动的核心平台。资本市场的制度安排和全社会的广泛参与，也在一定程度上决定了我国继续深化市场经济改革的方向。

推动了现代金融体系建设。20 世纪 90 年代以前，中国金融体系由间接融资完全主导。首先，资本市场的出现和发展，改变了这种格局。2010 年底，我国股市市值为银行资产的 28%，虽然仍然低于美英等发达国家（超过 100%）的比例，但无疑大大改善了我国的金融结构。其次，近年来，我国的主要商业银行通过上市提高了资本充足率，引入了市场监督机制，改善了公司治理结构，也提高了运作的透明度，在全球商业银行中位居前列。同时，资本市场的发展也拓宽了商业银行中间业务的范围，并为银行和保险等金融机构提供了多元化的资金运用渠道。

极大地促进了我国企业的发展。资本市场不仅为企业提供了融资渠道，而且带动了股份制在我国的普及，推动了现代企业制度的建设。上市公司日益成为我国经济体系的重要组成部分，我国上市公司总资产达 86.22 万亿元，为 GDP 的 2.15 倍；全年上市公司实现利润总额 2.16 万亿元，占规模以上企业的 64%。国企治理一直是世界范围内的难题，中国的国有企业通过股份制改革走向资本市场，不断发展壮大，已有中国石化、中国工商银行、中国建设银行等多家大型国有企业跻身于全球财富 500 强。另外，中小板和创业板的推出，更是有力地支持了众多中小企业和科技企业的发展，并在很多原先家族性企业中逐步引入了现代企业的管理方式。据统计，在创业板上市的企业中，92% 是民营企业。在中小板上市的苏宁电器，2005 年上市后营业额增长了 10 倍，累计派现 14.69 亿元。今天，在日本东京街头，我们都可以看到苏宁电器收购的日本电器店。

对社会发展有全方位的影响。资本市场不仅加速了中国经济的现代化进程，也推动了相关的法律体系和会计制度的不断完善，促进了信用体制的逐步建立，带来了"家庭理财"等全新的理念。广大居民因为投资于资本市场而更加关注宏观经济的发展，并成为推动企业和经济发展的重要社会监督力量，完善了社会主义市场经济体系。而从资本市场这个最为市场化的市场中探索到的经验和规律，也能为其他领域的市场化改革提供有益的借鉴。

◈建立健全金融市场体系，保障经济崛起

中共十八届三中全会提出全面深化改革，加快完善现代市场体系。金融作为现代经济的核心，是社会主义市场体系的重要组成部分。我们要认真学习贯彻全会精神，紧紧围绕市场在资源配置中的决定性作用，全面深化金融业改革开放，建立健全金融市场体系，保障经济崛起。在这方面，健全多层次资本市场体系、稳步推进汇率和利率市场化改革、加快实现人民币资本项目可兑换，是建立健全金融市场体系的重中之重。

☞**健全多层次资本市场体系**

以显著提高直接融资比重为目标，推进股票发行注册制改革，多渠道推动股权融资，发展并规范债券市场，完善保险市场，鼓励金融创新，丰富金融市场层次与产品。

一是提高直接融资比重。继续坚持服务实体经济的本质要求，着力推动经济发展方式转变和经济结构调整，大力发展股票市场、债券市场等资本市场，拓宽企业直接融资渠道，优化社会融资结构；坚持市场化改革方向，着力减少不必要的行政管制，激发市场动力和内在活力，大力培育商业信用；坚持尊重市场发展客观规律，大力发展各类机构投资者，促进场外市场和场内市场分层有序、功能互补，推动金融市场、金融产品、投资者及融资中介的多元化；坚持规范发展的理念，强化市场约束和风险分担机制，进一步提高市场运行透明度；健全相应的法律框架、金融调控框架、监管框架以及财税等政策。

二是推进股票发行注册制改革。以充分信息披露为核心，在股票发行过程中，减少证券监管部门对发行人资质的实质性审核和价值判断，弱化行政审批，增强发行制度的弹性和灵活性，降低股票发行成本，提高融资效率。加强事中、事后监管力度，完善各种民事与刑事责任追究制度，有效抑制欺诈上市等行为。进一步完善上市公司退市制度，通过优胜劣汰机制，提高上市公司质量。加大对虚假陈述、市场操纵和内幕交易等证券违法违规行为的打击力度，强化上市公司、中介机构等市场参与主体的市场约束和诚信约束，促进市场参与各方归位尽责，切实保护投资者的合法权益，维护证券市场的"三公"原则。

三是多渠道推动股权融资。在继续完善主板、中小企业板和创业板市场的同时，继续推进"新三板"市场建设。加快完善以机构为主、公开转让的中小企业股权市场，建立健全做市商、定向发行、并购重组等制度安排，丰富融资工具和交易品种，增强服务中小企业的能力。各省（市、区）可以在统一的制度框架下，结合区域经济发展需要建立区域性股权市场。积极引导私募股权投资基金、风险投资基金健康发展，支持创新型、成长型企业股权融资。建立健全不同层次市场间的差别制度安排和统一的登记结算平台，推动形成有机联系的股权市场体系。

四是发展并规范债券市场。稳步扩大债券市场规模，推进金融产品创新和多元化，加大发展资产证券化的力度。探讨市政债券，完善城镇化建设融资机制。发展中小企业集合债券、私募债等融资工具，拓宽企业融资渠道，加大支持实体经济力度。发挥公司信用类债券部际协调机制作用，加强债券管理部门的协调配合，提高信息披露标准，落实监管责任。加强债券市场基础设施建设，进一步促进银行间市场和交易所市场协调发展。稳步推进债券市场对外开放。

五是完善保险经济补偿机制，建立巨灾保险制度。完善保险经济补偿机制，研究建立专业中介机构保障基金。推动巨灾保险立法进程，界定巨灾保险范围，建立政府推动、市场化运作、风险共担的多层次巨灾保险制度。明确政府与市场的定位，鼓励商业保险公司经营巨灾保险。以风险共担、分级负担为原则，利用再保险和资本市场（如发行巨灾债券等）分散巨灾风险。

六是鼓励金融创新，丰富金融市场层次和产品。实施创新驱动发展战略，稳步推动金融市场机制、组织、产品和服务模式创新，形成长效创新机制，拓展金融市场发展的深度和广度，丰富金融市场层次和产品，努力建设一个品种丰富、运行高效、功能完备、具有相当规模、与社会主义市场经济体制相适应的金融市场体系。同时要始终把防范风险贯穿金融创新全过程，处理好创新、发展与风险之间的关系，防止以规避监管为目的和脱离经济发展需要的创新。

☞稳步推进汇率和利率市场化改革

利率和汇率作为要素市场的重要价格，是有效配置国内国际资金的决定性因素。稳步推进汇率和利率市场化改革，有利于不断优化资金配置效率，进一步增强市场配置资源的决定性作用，加快推进经济发展方式转变和结构调整。

一是完善人民币汇率市场化形成机制。根据外汇市场发育状况和经济金融形势，有序扩大人民币汇率浮动区间，增强人民币汇率双向浮动弹性，保持人民币汇率在合理均衡水平上的基本稳定。进一步发挥市场汇率的作用，中国人民银行基本退出常态式外汇市场干预，建立以市场供求为基础、有管理的浮动汇率制度。

二是加快推进利率市场化。近期，着力健全市场利率定价自律机制，提高金融机构自主定价能力；做好贷款基础利率报价工作，为信贷产品定价提供参考；推进同业存单发行与交易，逐步扩大金融机构负债产品市场化定价范围。中期，注重培育并形成较为完善的市场利率体系，完善中国人民银行利率调控框架和利率传导机制。后期，全面实现利率市场化，健全市场化利率宏观调控机制。

三是健全反映市场供求关系的国债收益率曲线。完善国债发行，优化国债期限结构；完善债券做市支持机制，提高市场流动性；进一步丰富投资者类型，稳步提高债券市场对内对外开放程度，降低以买入并持有到期为主要目的的银行与保险机构等投资者的比重，增加交易需求；改进曲线编制技术，加大宣传和应用推广力度。

☞加快实现人民币资本项目可兑换

推进人民币资本项目可兑换，是构建开放型经济新体制的本质要求。应抓住人民币资本项目可兑换的有利时间窗口，在统筹国内需求与国际形势的基础上，加快实现人民币资本项目可兑换。

一是转变跨境资本流动管理方式，以便企业"走出去"。进一步转变外汇管理方式，推动对外投资便利化。减少外汇管理中的行政审批，从重行政审批转变为重监测分析，从重微观管制转变为重宏观审慎管理，从"正面清单"转变为"负面清单"。方便企业"走出去"过程中的投融资行为，逐步提高境内企业向境外提供人民币和外币信贷及融资担保的便利程度，加大支持企业"走出去"的力度。

二是推动资本市场双向开放，有序提高跨境资本和金融交易可兑换程度。进一步扩大合格境内机构投资者（QDII）和合格境外机构投资者（QFII）主体资格，增加投资额度。研究建立境内外股市的互联互通机制，逐步允许具备条件的境外公司在境内资本市场发行股票，拓宽居民投资渠道。有序提升个人资本项目交易可兑换程度，进一步提高直接投资、直接投资清盘和信贷等的可兑换便利化程度，在有管理的前提下推进衍生金融工具交易可兑换。

三是建立健全宏观审慎管理框架下的外债和资本流动管理体系。综合考虑资产负债币种、期限等匹配情况，合理调控外债规模，优化外债结构，做好外债监测，防范外债风险。建立健全相关监测体系，实现资本跨境流动便利化和收集有效信息的统一。在紧急情况下，可以对资本流动采取临时性管理措施。

总之，要按照全会的决策部署，全面推动金融改革、开放和发展，加快完善种类齐全、结构合理、服务高效、安全稳健的现代金融市场体系，不断提升金融业服务的实体经济能力，促进经济持续健康发展。

❖中小企业如何突破融资困境

中小企业以其灵活的机制和强大的适应能力，在拉动经济增长、扩大对外出口、增加就业岗位和维护社会稳定方面发挥着重要作用。然而，金融体制改革滞后使得中小企业并未获得与其贡献相配的金融支持，融资困境已成为制约中小企业生存和发展的"瓶颈"。深化金融体制改革是破解中小企业融资困境的根本途径，必须着力突破融资体制障碍，切实改善融资条件，促进中小企业健康发展。

☞对当前中小企业融资困境的基本判断

一是内源融资不足。中小企业依赖内部股东融资的程度很高，内部利润分配中多存在短期化倾向，缺乏长期经营思想，自我积累意识淡薄，在利润分配上几乎近于"分光"，很少从企业发展角度考虑自留资金来补充经营资金的不足。而且中小企业的资产负债率普遍高于大型企业，负债结构以短期负债为主，长期借款比重较小，加大了财务危机的可能性。

二是间接融资困难。银行的服务对象主要集中在"大企业、大集团、大行业"，对中小企业设置的信贷门槛很高。同时，中小企业资信等级低，缺乏可供抵押的资产，财务制度不健全、抗风险能力弱，银行对于数额少、频率高、风险大、时间性强的中小企业贷款存在"惜贷"、"惧贷"现象。中小企业被迫以高于金融机构的融资成本求助于商业信用和民间借贷等非正规金融机构。

三是融资渠道狭窄。我国缺少能为中小企业融资服务的二板市场，资本市场的多元化层次尚未形成，创业投资体制不健全，产权交易市场功能尚未发挥，风险投资发展滞后，非正规融资缺乏法律支持。绝大多数中小企业无法直接通过股票和债券市场吸纳社会资金，其融资渠道仅限于银行信贷、民间借贷和职工集资。

☞中小企业融资面临诸多体制障碍

一是现行金融体制对中小企业存在融资歧视。现行金融体制多为国有银行和国有控股银行所控制，缺乏针对中小企业的金融机构和金融服务。而且，银行对不同所有制企业实施差别待遇，对非公有制的中小企业存在所有制歧视，银行"重批发、轻零售"、"贷大不贷小"的问题也比较突出，强化了对中小企业的信用歧视。

二是中小企业信用评价体系不健全。一方面，我国多数中小企业实行家庭式管理，缺乏符合现代市场经济要求的企业组织形式，产权制度不清晰，普遍存在财务制度不健全、财务报告真实性与准确性低的现象；另一方面，我国现有征信体系不完善，尚不能有效整合工商、税务、司法、质监等多渠道信息，缺乏为中小企业融资服务的信用评级机构及相关管理办法，银行在全面获取中小企业信息方面存在较大困难，难以准确识别和评估信用风险。

三是中小企业信用担保机制不完善。中小企业由于规模小、效益差、固定资产价值少，能够提供的抵押物价值有限，难以满足银行的贷款条件。虽然从国家到地方都开展了中小企业信用担保业务，但是仍然缺乏完善的中小企业信用担保机制，存在信用担保机构的组成结构不合理、风险分散机制不健全、担保资金补偿来源不畅、担保品种少、期限集中于短期等问题，严重制约了中小企业融资。

四是多层次资本市场体系发展滞后。目前我国资本市场体系仅有作为资本市场高级形式的证券交易所，市场层次非常单一。虽然国家证监会正在推进深圳创业板市场的建设，但是现有的上海和深圳证券交易市场本质上都属于主板市场，板块之间缺乏差异和分工。投资渠道的狭窄和交易品种的单一降低了资本市场对中小企业融资的支持作用。

☞破解中小企业融资困境的对策建议

一是推动针对中小企业的融资机制创新。首先，要推动商业银行设立中小企业贷款专营机构，逐步提高中小企业贷款比重，充分结合中小企业自身的特性和其融资需求的特点，积极进行产品创新、流程创新、服务创新、机制创新，提升商业银行的中小企业信贷经营能力。其次，要放宽银行准入标准，大力发展地方中小银行以及村镇银行、社区银行、小额贷款公司、农村资金互助社等区域性、行业性的中小金融机构，提高中小金融机构的覆盖率。最后，要开展民间金融组织试点，推动民间金融机构逐步、稳妥、有序地公开化、合法化。

二是建立并完善中小企业信用担保体系。在担保资金补偿机制方面，要多渠道筹集担保资金，各级政府应当在本级预算中编列中小企业信用担保支出预算，设立中小企业信用担保基金。在再担保制度方面，组建国家中小企业信用再担保机构，为省级中小企业信用担保机构提供再担保服务。在中介服务方面，组建中小企业信用担保协会，有组织地发展中小企业互助担保与商业担保。在信用体系建设方面，完善中小企业信用档案数据库，构建全方位、多渠道的中小企业信息通报平台，建立担保公司资信评级制度。

三是加快以中小企业板为核心的多层次资本市场建设。其一，要推进多层次股票市场体系建设，继续壮大中小企业板市场，积极发展创业板市场，完善中小企业上市育成机制。其二，要建立健全中小企业证券的场外交易系统和交易制度，稳步推进中小企业集合发债试点，扩大中小企业集合债发行规模，规范发展各类产权交易市场，为中小企业产权、股权、债权等提供交易平台。其三，推进人民币国际化，充分利用海外资本市场，积极推动中小企业海外上市融资。

鉴于中小企业的发展问题直接关系到我国经济的发展前途和发展潜力，而融资难又是制约中小企业发展最突出的问题，因此，应借鉴发达国家的成功经验，结合我国实际情况，制定从根本上解决中小企业融资难题的政策措施，以全面推动中小企业的持续、健康发展。

❖ 藏富于民，打破国富民穷的格局

国富民穷，是指财政收入的增长速度远远超过 GDP 的增长，政府收支变得非常阔绰，而民营企业与个人占财富的比例却不断下降，手中财力拮据，资金使用捉襟见肘。国富民穷的分配格局最危险的地方在于，它最终将导向计划经济，这不仅将导致整个社会对官本位的崇拜，还将影响中国的"市场经济国家"定位。而只有藏富于民，百姓才既有消费预期，又有支付能力，最终消费才能成为可能。也唯有藏富于民，才能让消费带动经济持久保持平稳较快发展，才能真正实现社会和谐，民富国强。

☞藏富于民的基本内涵

藏富于民是一种古已有之的经济理论，是古代富民学说的延伸。藏富于民是现代东西方发达国家的主要特征，是现代文明的终极价值观，也是一种民主及国家强盛的表现。

藏富于民，就是让每个人手中握有财富，让大多数人而非少数人占有大多数的社会财富，让财富更多地聚集于民间。其基本内涵有两点：①让百姓手中有钱，千方百计增加居民收入，提高消费能力。工资性收入在居民收入中占有绝对地位，因此，在初次收入分配中不仅要体现效率，更要实现公平，提高劳动报酬在初次分配中的比重，让劳动力付出能够换取更多的回报。②让百姓敢于花钱，完善社会保障体系，提高消费信心。

☞实现藏富于民的制度建设

收入分配制度不合理的最突出表现，就是国富民穷。分配制度改革的重点也应是再分配改革。导致国富民穷的根本原因是，权力过分集中的政治体制致使我国严重缺乏社会公众对于财政收支的民主监督、民主参与和民主决策，特殊利益集团的游说能力强大，"内部人"决策的公正性缺乏制度保障。缺乏公共财政制度的后果是国富民穷，也只有通过建立公共财政制度才能被消除。

公共财政制度具有以下四个基本特征：①民生性。民生财政包括财政收支两方面。首先是财政收入要适度，特别是不能过多地取之于民。其次是财政收入要更多地用之于民。②公开性。公共财政就是公民财政，因而也是阳光财政。有公开性才能实现和保障民生财政。因此，今后几年应当大力推进阳光财政。应该能公开多少就公开多少，至少把大部分预算内外收支明细尽快地公之于众。③民主性。民主财政的核心是财政收支的决策权应该切实放到人大，执行权应该放到政府，司法权应该放到法院和检察院，监督权也应该独立于行政部门。这样才能在制度上确保民生财政和阳光财政。④法治性。法治财政的核心是财政收支都须依法进行，违法必究。这样才能使公共财政的民生性、公开性、民主性得到切实保障。

☞实现藏富于民的基本手段

政府首先要创造经济发展的良好环境，使企业家得以生存、发展、壮大，社会财富得以积累，政府财政得以充盈。这就是各国政府永远为富人服务的本质所在。其次，政府要以二次分配的手段，培育中间层，充实中间层，扩大中间层。因为，只有中间层扩大了，购买能力和消费水平才能大幅提高并维持稳定。中间层不仅是消费的主体，也是带动第三产业发展的主要力量。由于中间层消费量的扩大和消费水平的提高，从而增加服务产业人群，并引发水涨船高的增益效应。因此，中间层也是扶助低收入人群的重要力量，是政府的一只"看不见的扶贫之手"。

国家财政必须大幅增加对"三农"、教育、社会保障和就业、医疗卫生等公共服务和民生领域的投入，加快社会保障体系建设，逐步解决老百姓的后顾之忧。尤其要特别关注"三农"问题。因为中国从农业国转变为工业国的历史并不长，农民依然是中国基数巨大的一个群体。而且近年来农民的收入增长始终低于市民。要通过工业反哺农业、城市支持农村、市民帮扶农民等手段帮助农民脱贫致富，进而为全社会实现藏富于民奠定基础。

可喜的是，中央十八届三中全会提出："着重保护劳动所得，努力实现劳动报酬增长和劳动生产率提高同步，提高劳动报酬在初次分配中的比重"、"建立更加公平可持续的社会保障制度"和"赋予农民更多财产权利"，只要我们沿着中央制定的改革发展路线图走下去，中国人藏富于民的梦想必将实现。

❖ 能源战略，新格局下的能源发展

　　进入 21 世纪以来，随着经济全球化深入发展，能源消费持续增长，供求关系总体偏紧，石油价格高位大幅波动，资源竞争日趋激烈，温室气体排放和环境问题日益得到世界各国的高度关注。由美国次贷危机引发的金融动荡给全球能源市场带来了新的影响，出现了一些不确定、不稳定的因素。

　　在全球能源领域大调整、大变革以及我国加快推进转变经济发展方式的时代背景下，我国的能源战略应以推动能源发展方式转型为主线，到 2020 年应初步构建并在 2030 年基本形成"安全、绿色、高效"的能源系统。实现上述战略目标的途径包括保障安全、节能优先、结构优化、绿色低碳、技术引领、体制创新 6 个方面。

　　☞保障安全的发展战略

　　一是坚持立足国内的方针，加大新能源和天然气的开发力度，避免能源自给率的快速下降。石油应保持一定的储采比，稳定国内产量，适度发展煤制油和煤化工。

　　二是安全、有效地利用国际资源。明确提出控制石油、天然气进口依赖度的战略目标。加快推进石油进口多元化，降低石油进口对中东和运输通道对马六甲海峡的依赖程度，保障油气通道安全。鼓励产油国石油公司和跨国石油公司来华投资中下游业务，鼓励企业走出去投资上游业务及炼化等中游业务。

　　三是提高储备和应急能力，健全国家、商业、社会多层次的石油储备体系，鼓励各类企业参与石油储备，加快石油期货交易中心建设。提高天然气储气率，保障电力系统和运输通道的安全稳定运行。

☞节能优先的发展战略

一是实施针对煤炭、石油等主要化石能源的消费总量控制。力争到2020年煤炭消费总量达到峰值，不突破30亿吨标煤（约折合45亿吨原煤）。同时将2020年石油消费量控制在5.5亿吨，2030年控制在6.5亿吨左右。

二是继续制定节能约束性目标，进一步提高能源效率，到2015年、2020年和2030年分别实现能效追赶、接近、同步国际先进水平的目标。力争到2020年实现单位GDP能耗比2010年下降35%，2030年单位GDP能耗比2020年再下降30%。

三是必须走绿色低碳的工业化、城镇化道路，实施较激进的可持续交通发展战略。

☞结构优化的发展战略

优化能源生产、转化、利用结构，推动能源供应体系变革。一是大幅度优化能源供应结构。大力发展非化石能源，确保到2020年实现非化石能源占能源消费总量15%的目标。2030年，非化石能源比重进一步提高到25%左右。加大非常规天然气勘探开发力度，提高天然气在能源生产和消费中的比重。力争到2020年天然气消费量达到3500亿立方米左右，到2030年天然气消费量达到6500亿立方米左右，占能源消费的比重分别达到10%和15%左右。显著降低煤炭消费比例，到2020年下降到60%左右，到2030年进一步下降到50%以下。到2030年初步形成煤、油、气、核、可再生的多元化的能源供应结构。

二是优化能源使用结构。统筹考虑能源和化工两个领域，石油应主要用于生产交通燃料，煤炭优先用于发电，促进煤炭高效清洁利用；煤化工主要走多联产的技术路线，适度发展煤制油、煤制气等项目。

三是优化能源转化结构。要明确"大电大网"与分布式电力系统并重的发展思路，形成安全可靠、经济高效、绿色智能的电力系统。一方面，积极建设大型煤电、核电、水电可再生能源基地；明确"输电输煤并举，当前加快发展输电"的方针，优化能源输送方式；在保证安全可靠的前提下积极发展特高压输电，提高输电经济性。建设结构清晰、功能明确、匹配合理的智能电网，以提高电网对可再生能源的吸纳能力、实现用户侧响应和提高电网利用率。另一方面，提高对发展分布式能源系统重要性的认识，加快发展分布式风电、太阳能发电，发展天然气热电（冷）联产能源系统。

☞绿色低碳的发展战略

一是逐步实现二氧化碳排放强度削减到排放总量控制的过渡，建议分三步实施：2015 年努力完成单位 GDP 二氧化碳排放量比 2010 年降低 17% 的目标；2015 年之后，设定与能源总量控制相对应的二氧化碳排放总量目标，实行二氧化碳排放总量控制；2030 年前后二氧化碳排放总量达到峰值，实现排放总量减少。

二是加快发展低碳能源和低碳技术，显著提高碳生产率。力争到 2030 年我国因能源使用排放的二氧化碳大体在 100 亿吨左右，人均排放量为 7 吨，和欧洲届时的人均排放水平大体相当。

三是减少污染排放。通过末端工程治理、发展循环经济、源头预防和加强监管等措施，减少废气、废水和废渣排放。

☞技术引领的发展战略

实施"追赶"与"跨越"并重的能源技术战略。一是制定符合中国国情和全球能源技术发展方向的能源技术路线图。实施国家能源科技创新战略，由目前需求拉动的"跟随"式创新，逐步向需求拉动与技术推动的双重作用转变，发挥技术引领作用。

二是加大对能源战略性前沿技术和重大应用技术的研发支持力度，供给侧重点支持非常规油气勘探开发技术、煤制油等石油替代技术、煤气化整体联合循环等新一代火力发电技术、风力发电、光伏发电、生物能源技术、第三代和第四代核能技术；需求侧重点支持电动汽车、分布式能源系统、热电联产系统技术；输送转换环节重点支持智能电网、储能技术和氢能技术以及碳捕获及封存技术。

三是创新组织形式，建设公共研究开发平台，支持和引导组建基于市场机制的产业创新联盟，构建创新链，形成利益共享、风险分担的联盟机制，推进协同创新。

☞体制创新的发展战略

充分发挥市场在配置资源中的决定性作用，放开竞争性业务的市场准入限制和价格管制；更好地发挥政府作用，强化对自然垄断业务和市场秩序的监管，加大节能环保和科技创新的投入力度。

总之，在正视全球经济新格局以及能源新局势的前提下，利用良好的发展机遇期，通过实施保障安全、节能优先、结构优化、绿色低碳、技术引领、体制创新的发展战略，才能确保我国经济发展持续稳定的能源供应，促进我国经济社会与资源环境和谐发展。

第五章 金融变革：人民币国际化趋势

　　一国货币走向国际化主要是由该国的经济基本面决定的：较大的经济规模和持续的增长趋势；经济开放度较高，在世界经济中占有重要地位的国家能够获得交易者对该国货币的需求。国际交易者对该国货币的信心和需求，决定了该国货币必然在世界货币体系中发挥越来越重要的作用，并促使该国货币最终成为国际货币。按照这些条件分析，目前正在出现的人民币国际化趋势，是市场选择的结果。

❖ 国际金融体系改革的呼声

　　全球金融危机使越来越多的人意识到，美元作为主要储备货币存在严重问题，呼吁改革国际金融体系的声音不绝于耳。此前，在美元贬值、全球性通货膨胀的情况下，不少国家已经在国际贸易结算中放弃了美元，使用交易双方各自的货币，或者增加新的结算货币。另外，建立区域货币也成为部分国家希望摆脱美元中介的手段。但是，突破美元主导的货币困局并非易事，恐怕还需艰苦卓绝的长期努力。

☞G20 集团金融峰会的呼声

2008 年 11 月，在举世瞩目的 G20 集团领导人第二次金融峰会即将在伦敦召开之际，一些发展中国家纷纷对改革国际金融体系提出建议，强烈要求国际金融体系反映发展中国家的诉求，建立新的国际金融体系。

时任墨西哥总统的卡尔德龙在峰会上提议国际金融机构向发展中国家提供更多支持，推动多边金融体系改革。墨西哥经济学家杜塞尔·彼得斯认为，发展中国家应该采取共同立场，增强新兴经济体的话语权。时任墨西哥财长卡斯滕斯则表示，G20 集团金融峰会应重点讨论刺激世界经济和国际市场需求的方案，并建立新的国际金融体系。

印度政府多次强调反对贸易保护主义，主张发达国家在危机中承担更大责任。时任印度总理辛格指出，新兴经济体不是危机的制造者，但却是最大的受害者之一。他呼吁发达国家重视金融危机给发展中国家带来的问题。

国际货币基金组织前任执行总裁、印度驻欧盟前任大使森古普塔撰文指出，应根据英国经济学家凯恩斯的设计，将国际货币基金组织的特别提款权改革为国际货币，取代其他货币成为各国的储备货币，以帮助发展中国家融资和发展，同时也利于国际金融体系的稳定。森古普塔说，发展中国家应该欢迎国际监管。由于主要工业化国家并不希望国际监管体制介入，因此目前阶段很难达成全面国际监管协议，但是发展中国家尤其是印度必须参与商议。

时任巴西财政部长曼特加认为，新兴经济体应该在国际货币基金组织和世界银行等金融机构的决策中发出更大声音。他在 G20 集团伦敦峰会上提出建立一个新型国际资本流动调整机制，改变目前以国际货币基金组织为主导的贷款机制，减小新兴经济体今后继续遭受国际金融危机的冲击。

　　在国际金融体系改革问题上，俄罗斯主张必须建立"稳定的、可预见的和按照既定规则发挥功效的"国际金融和货币体系，推动储备货币多元化和金融中心多元化，建立现代化风险管理体系。时任俄罗斯总统梅德韦杰夫此前还提出，应建立相应机制，以监督对世界整体金融状况有影响力的国家的宏观经济指标，避免某国内部的金融和经济问题对全世界产生不良反应。俄罗斯对此次伦敦金融峰会的建议主要包括以下几点：①改革国际货币基金组织和世界银行等国际金融机构；②调节类似对冲基金等近十年来快速发展却又不易被调控的国际金融体制，限制资本投机行为；③赋予金融市场更高的透明度，调节近年来快速发展的金融衍生工具和衍生产品。

　　☞危机下国际金融体系改革，中国的金融"破局"之道

　　面对国际金融体系变革这一重大战略机遇期，中国应拿出前所未有的勇气与魄力，完成中国的"破局"之路，增加以中国为核心的新兴市场经济体在国际金融新秩序中的发言权和代表性。这不仅是中国的客观要求，也反映了广大发展中国家和地区的共同心声。

　　一是坚持倡导建立超主权国家货币。创造一种不依附于主权国家的世界货币，有利于体现公平原则，保持世界经济稳定，这一直是国际货币体系改革的目标，并得到大多数经济学家的认同。在2009年的伦敦金融峰会前后，我国多次倡导建立一种超主权国家货币以改变目前单一的美元国际储备格局，包括以SDR作为核心等。当然，这一货币体系的变化不是一蹴而就的，而是一个长期而缓慢的变革过程。不能因为发达国家对现行体系的维护就放弃，而是要联合其余广大国家对这一体系逐渐加以改变。

　　二是完善国际金融组织。对国际货币基金组织进行改革被认为是国际金融制度重新安排最容易达成的一项内容，这主要归因于其不足之处的繁多和

明显。首先，作为世界三大经济组织之一，IMF 承担着稳定世界经济、协调各国经济金融政策、促进货币合作的任务，然而其在关键时刻资金显得捉襟见肘。其次，国际货币基金组织的缺陷还表现在贷款的条件性以及份额和投票权分配的不合理，这些情况在伦敦峰会上都有所讨论，降低国际货币基金组织对发展中国家和地区贷款条件性的要求得以提出，欧盟和澳大利亚也都提出要增加中国等新兴大国的份额及投票权，国际货币基金组织也主动提出要加快份额改革进程，以便使中国等新兴经济体获得更大的发言权。但是，这一进程的速度和份额增加的额度，至今仍不明确，需要我国进一步加以推动。

三是健全国际金融安全体系。全球金融危机是在美国有效监管的缺位下逐步酿成的。结合本次危机，我国应从以下几方面加强金融监管：混业经营模式必须建立统一的监管规则、重整信用评级机构、加强对金融衍生品市场的监管、完善信息披露制度、实行国际通行的会计规则、启动全球金融危机应急处理机制等。

四是增强对发展中国家和地区的援助。世界经济的发展离不开发展中国家和地区，中国经济的发展同样离不开发展中国家和地区。长期以来，中国和其他发展中国家的经济合作一直是"南南合作"的典范。扩大对发展中国家和地区的投资，增加对它们的援助，一方面，有利于保持它们国内经济的稳定，防止其经济波动通过第三方渠道传导到我国；另一方面，也有利于缓解我国外汇储备激增的情况，减少由此带来的储备成本压力和本币发行压力。

五是构建区域货币联盟。人民币在国际货币体系中的地位和中国日益增长的经济实力极不对称，中国经济的发展呼唤人民币的国际化。应通过逐步建立以人民币为核心的区域货币联盟、加强双边和多边经济合作、扩大人民币的结算范围来推进人民币区域化、国际化，促进中国投资贸易的发展、增强人民币在亚洲乃至国际金融领域的影响力。中国和阿根廷签署的双边货币互换协议以及上海、广州、深圳、珠海、东莞五市跨境贸易人民币结算试点的开展，标志着人民币国际化步伐的加快。2010 年建成的中国—东盟自由贸易区将会为单一区域货币的启动提供有利条件。在"催化剂"得以加强的情况下，人民币的国际化速度将日益加快。

※人民币国际化的含义与条件

人民币国际化是指人民币能够跨越国界，在境外流通，成为国际上普遍认可的计价、结算及储备货币的过程。尽管目前人民币的境外流通并不等于人民币已经国际化了，但人民币境外流通的扩大最终必然导致人民币的国际化，使其成为世界货币。

☞人民币国际化的含义

人民币国际化的含义包括以下三个方面的内容：

第一，人民币现金在境外享有一定的流通度；

第二，以人民币计价的金融产品成为国际各主要金融机构（包括中央银行）的投资工具，为此，以人民币计价的金融市场规模不断扩大；

第三，国际贸易中以人民币结算的交易要达到一定的比重。

这三点是衡量货币（包括人民币）国际化的通用标准，其中最主要的是后两点。

☞人民币国际化所需条件

作为位居全球前二的大经济体，中国的主权货币有望成为国际货币。但是人民币国际化的成功需要三个基本条件：

一是经济的可持续发展。这一条件有赖于中国经济转型的成功，以本土消费市场的拓展、技术进步、产业升级和经济运行效率的提高为主要特征。

二是具有健全的以保护产权为核心的市场经济基础性制度。这涉及政府职能的转变和相对独立的立法和司法程序。

三是建立亚洲最重要的国际金融中心，即本土拥有规模巨大、流动性、安全性和成长性兼具的现代化金融市场体系。

在创造这些基本条件的同时，渐进的人民币国际化仍可择机推进：其一，通过海外销售渠道的建设和产品质量的提升，增强海外客户对中国产品的依赖性，同时辅以人民币贸易融资，以推进出口产品的人民币计价与结算。其二，快速提升金融服务业的国际化程度。一方面，加快金融服务业的对外开放，允许开设更多外资银行子公司、外资背景的各类金融机构经营人民币业务，通过国内金融服务业市场的有序竞争提高市场效率和服务质量；另一方面，加快国内金融机构"走出去"，在亚洲地区的传统金融业领域抢占市场份额，提供高效便利的国际化人民币业务。其三，加快本土的人民币官方债券市场的发展，包括中国的国债市场和市政债券市场，以及外国政府和国际机构在中国的债券发行和交易，并增强其市场流动性。其四，在人民币资本账户开放（最早应在 2015 年之后）之前稳妥地推进以人民币 QFII 和银行同业拆借为主要形式的市场间接开放。

当前国家间经济竞争的最高表现形式就是货币竞争。如果人民币对其他货币的替代性增强，不仅将现实地改变储备货币的分配格局及相关的铸币税利益，也会对西方国家的地缘政治格局产生深远的影响。

❖人民币国际化的当前背景

尽管中国目前还不具备完全开放资本项目自由兑换的条件，但是人民币国际化的过程也没有必要等到资本项目实现完全可兑换之后。在当前中国经济持续发展、国际地位不断提高的情况下，人民币国际化的稳步推进已成为必然趋势。

☞地位提高：经济实力和综合国力的不断增强使人民币的国际地位不断提高

胡锦涛在 2005 年北京《财富》全球论坛开幕式上发表演讲时说："新中国建立以来，特别是 1978 年以来中国发生了前所未有的深刻变革，从 1978 年到 2004 年的 26 年间，中国国内生产总值从 1473 亿美元增长到 16494 亿美元，年均增长 9.4%；进出口总额从 206 亿美元增长到 11548 亿美元，年均增长超过 16%；国家外汇储备从 1.67 亿美元增长到 6099 亿美元。"这些数据表明，我国综合国力显著增强。专家普遍认为，今后 10 年中国经济仍将保持较快的发展速度，这就为人民币成为可以被世界各国和地区放心使用的货币奠定了坚实基础。中国长期以来实行稳定的货币政策，为人民币树立了较高信誉，深受周边国家和地区的欢迎。

☞币值稳定：人民币币值的稳定为推进人民币国际化创造了前提条件

中国一直实行稳定的货币政策。近几年，治理通货膨胀、维持人民币币值的对内稳定和对外稳定成效显著。在亚洲金融危机中，其他国家货币大幅度贬值，而人民币则保持了汇价稳定，防止了危机的进一步扩大和加深，为人民币奠定了牢固、可靠的信用基础。为推进人民币国际化创造了前提条件。

☞政府重视：中国政府高度重视，使人民币国际化迈出积极的步伐

2003年9月，中国国家外汇管理局颁布了《边境贸易外汇管理法》，允许在边境贸易中用人民币计价和结算，鼓励中国边境地区商业银行与周边国家地区银行建立代理行关系以通过银行进行边境贸易结算。这项规定对人民币国际化具有积极影响。人民币被周边国家或地区采用的一个重要原因是边境贸易，边境贸易的进一步发展将会促进人民币的区域化。国家外汇管理局针对边境地区的实际情况出台相应法规，将消除周边国家或地区居民的后顾之忧，促进人民币在周边国家或地区的流通。

☞自由贸易：中国—东盟自由贸易区的建立为人民币境外流通提供了广阔空间

自由贸易区的建立将形成一个拥有18亿人口、国内生产总值达3万亿～4万亿美元、贸易总额达到1.23万亿美元的经济区域；自由贸易区的建立将

使东盟对中国出口增长48%，中国对东盟的出口增长55%。贸易投资的快速发展催生了人民币的境外需求。在人民币汇率稳定的前提下，一些与中国贸易、投资往来频繁、数额较大的国家和地区，愿意接受人民币作为计价结算货币。例如在越南、泰国、缅甸等国的贸易中，人民币事实上已经成为结算货币之一。

☞流通经验：人民币在中国香港地区的广泛流通和使用为人民币国际化提供了有益经验

2003年11月，中国人民银行发布公告：为在中国香港地区办理人民币存款、兑换、汇款和银行卡业务的银行提供清算服务。内地居民可以使用内地银行发行的人民币银行卡到中国香港地区用于消费支付和在自动取款机上提取港元现钞，中国香港地区居民也可以使用中国香港地区银行发行的人民币银行卡到内地用于消费支付和在自动取款机上提取人民币现钞等。这些办法和政策为人民币的境外流通做了尝试，也为人民币的境外流通提供了有益经验。

☞金融危机：世界性的金融危机给人民币国际化创造机会

全球金融危机已从经济基础和政府信用两方面造成美元本位制基础的松动，给人民币国际化带来了机会。人们越来越意识到，他们还需要一些其他的稳定的国际化的货币。

最近两年，人民币的国际化进程逐步加快，这也是当前背景的重要因素。2013年12月，中央经济工作会议对2013年人民币汇率走势提出了明确要求，即"保持人民币汇率基本稳定"，这有利于人民币国际化的稳步推进，世界金融的稳定和经济的发展。2014年7月4日，中国人民银行发布公告称，决定授权交通银行首尔分行担任首尔人民币业务清算行，成为在首尔打造人民币离岸中心的重要一步。2014 年 11 月 9 日，俄罗斯外贸银行行长安德烈·科斯京在北京接受新华社记者专访时表示，中国政府致力于把人民币变成国际储备货币和结算货币，俄罗斯对此持非常积极的态度。

❖人民币在周边国家的流通情况

环球银行金融电信协会（SWIFT）2013 年 12 月 3 日发布的报告显示，2013 年 10 月开始，人民币已取代欧元，成为第二大常用的国际贸易融资货币，仅次于美元。事实上，由于我国有着迅速增长而且前景看好的经济基础，尤其对外贸易和国际收支多年顺差和外汇储备的快速增加和中国政府负责任的态度，大大提高了人民币的国际信誉，使人民币成为让周边各国放心的货币，长期处于相对于周边货币的硬通货地位。

☞人民币在周边各国和地区的流通现状

由于周边国家国情及经贸往来形式的差异，造成了人民币在周边地区流动的区域性特点和差异。从使用上看，主要分为两类：一类是交易媒介，在中蒙、中朝、中越、中缅、中老、中俄等边境地区，人民币主要在边贸和旅游消费中充当交易媒介；另一类是资金流动，在中国港澳地区、新加坡等国家或地区，人民币的流动主要以人流或以单纯的资金流方式出入，以及用于两地人员往来的旅游、购物消费，从而表现出较大的流动性。

人民币在东南亚地区的自由流通已受到"第二美元"的待遇，一些国家和地区的居民还把人民币作为一种储藏手段。人民币在一些国家受到了美元般的礼遇，在当地非常受欢迎，以至于在一些国家的流通现钞总量中占了很大比例，更有一些国家的领导人甚至在不同场合提出要鼓励国民使用人民币。在东亚国家、南亚国家和毗邻中国并与中国有较密切经济往来的国家，人民币都受到不同程度的欢迎，在有的国家人民币甚至可以全境通用。在老挝、柬埔寨、蒙古和缅甸北部，人民币是疲弱的本地货币的代替品，成为主要贸易货币。在中国游客中人气较高的新加坡，可以用人民币购物的购物中心和商店也不断增加。人民币在韩国的兑换不受限制，已成为"准硬通货币"，银行、个人所设兑换点广泛分布于国际机场、商业区、旅游风景区及宾馆等地。

☞人民币资金跨境流动的主要渠道

1993 年 3 月 1 日，我国重新颁布《中华人民共和国国家货币出入境管理办法》和发布《中国人民银行关于国家货币出入境限额的公告》，人民币从此通过合法渠道走出了国门。后来的流动渠道又有了变化。

一是贸易出境，即边境贸易的进口以人民币支付。近年来，我国与周边国家的边境贸易、边民互市贸易、民间贸易发展迅速，人民币作为结算货币、支付货币已经在这些国家中大量使用，并能够同这些国家的货币自由兑换，如在中越、中俄、中朝、中缅、中老等边境地区。我国自 2009 年 4 月 8 日开启了跨境人民币贸易结算的试点，并于 2010 年 6 月 22 日扩大试点，跨境贸易中人民币的使用规模不断扩大，其中大部分是以人民币的进口支付，有效地推动了人民币国际化的进程。截至 2010 年 7 月 5 日，上海市累计发生跨境贸易人民币结算业务 189 亿元，其中货物贸易进口 168 亿元，货物贸易出口 9 亿元，服务贸易 12 亿元。

二是旅游、消费出境。我国每年都有大批游客到周边国家观光旅游，因而在这些国家可以用人民币购买商品的商店越来越多，可以用人民币兑换本国货币的兑换店和银行也开始出现，包括出境缴纳关费、境外旅游消费支付等，其中数量较大的是以人民币支付境外团费。

三是投资出境，主要是包括以政府项目为基础的境外投资和私营企业境外直接投资带动的人民币资本流出。边境地区银行与邻国商业银行开办人民币汇款业务后，人民币资金跨境流通渠道得到进一步发展，并逐渐成为主要的流出方式。

四是货币互换途径。近年来为应对金融危机，我国货币当局与以亚洲国家为主的货币当局开展了货币互换，其中部分货币互换是人民币与国外货币的货币互换，这也是人民币流出境外的一种途径。

五是非法渠道出境，是指通过走私、毒品交易、地摊银行等流入周边国家和地区的人民币。长期以来，人民币资金跨境流动主要以私自夹带方式出境为主。经分析推算相关数据，每年非正常渠道流出的人民币约占同期贸易进出口额的30%左右。

人民币作为交易媒介、储藏手段和支付手段，在中国周边国家的使用越来越广泛，尤其是在东南亚的许多国家或地区已经成为硬通货，符合双边互惠互利的原则，对于进一步促进边境地区的经贸及投资发展，加快人民币区域化进程具有重要意义。

❖ 人民币国际化的综合考量

中国是一个发展中国家，经济发展尤其依赖资金财富。因此，一旦实现了人民币国际化，不仅可以减少中国因使用外币引起的财富流失，而且将为中国利用资金开辟一条新的渠道。但人民币国际化是一把"双刃剑"，这就要求我们仔细分析其中的利弊，进行综合考量。

☞人民币国际化的利弊分析

在利的方面，中国社科院重点课题"国际化战略中的人民币区域化"报告指出，其正面影响主要体现在以下四个方面：

一是提升中国国际地位，增强中国对世界经济的影响力。美元、欧元、日元等货币之所以能够充当国际货币，是美国、欧盟、日本强大经济实力和较高国际信用地位的充分体现。人民币实现国际化后，中国就拥有了对一种世界货币的发行和调节权，对全球经济活动的影响和发言权也将随之增加。同时，人民币在国际货币体系中占有一席之地，可以改变目前所处被支配的地位，减少国际货币体制对中国的不利影响。

二是减少汇价风险，促进中国国际贸易和投资的发展。对外贸易的快速发展使外贸企业持有大量外币债权和债务。由于货币敞口风险较大，汇价波动会对企业经营产生一定影响。人民币国际化后，对外贸易和投资可以使用本国货币计价和结算，企业所面临的汇率风险也将随之减小，这可以进一步促进中国对外贸易和投资的发展。同时，也会促进人民币计价的债券等金融市场的发展。

三是进一步促进中国边境贸易的发展。边境贸易和旅游等实体经济发生的人民币现金的跨境流动，在一定程度上缓解了双边交往中结算手段的不足，推动和扩大了双边经贸往来，加快了边境少数民族地区的经济发展。另外，不少周边国家自然资源丰富、市场供应短缺，与中国形成鲜明对照。人民币流出境外，有利于缓解中国自然资源短缺、市场供应过剩的现状。

四是获得国际铸币税收入。实现人民币国际化后最直接、最大的收益就是获得国际铸币税收入。铸币税是指发行者凭借发行货币的特权所获得的纸币发行面额与纸币发行成本之间的差额。在本国发行纸币，取之于本国用之于本国。而发行世界货币则相当于从别国征收铸币税，这种收益基本是无成本的。

"国际化战略中的人民币区域化"报告也同时指出了人民币国际化的三方面负面影响：

一是对中国经济金融稳定产生一定影响。人民币国际化使中国国内经济与世界经济紧密相连，国际金融市场的任何风吹草动都会对中国经济金融产生一定影响。特别是货币国际化后如果本币的实际汇率与名义汇率出现偏离，或即期汇率、利率与预期汇率、利率出现偏离，都将给国际投资者以套利的机会，刺激短期投机性资本的流动，并可能出现像1997年亚洲金融危机产生的"群羊效应"，对中国经济金融稳定产生一定影响。

二是增加宏观调控的难度。人民币国际化后，国际金融市场上将流通一定量的人民币，其在国际间的流动可能会削弱中国人民银行对国内人民币的控制能力，影响国内宏观调控政策实施的效果。例如，当国内为控制通货膨胀而采取紧缩的货币政策以提高利率时，国际上流通的人民币则会择机而入，增加人民币的供应量，从而削弱货币政策的实施效应。

三是加大人民币现金管理和监测的难度。人民币国际化后，由于对境外人民币现金需求和流通的监测难度较大，将会加大中国人民银行对人民币现金管理的难度。同时人民币现金的跨境流动可能会加大一些非法活动如走私、赌博、贩毒出现的概率。伴随这些非法活动出现的不正常的人民币现金跨境流动，一方面会影响中国金融市场的稳定，另一方面也会增加反假币、反洗钱工作的困难。

☞人民币国际化的综合考量

尽管一国货币国际化会给该国带来种种消极影响，但长远看，国际化带来的利益整体上远远大于成本。美元、欧元等货币的国际化现实说明，拥有了国际货币发行权，就意味着制定或修改国际事务处理规则方面的巨大的经济利益和政治利益。人民币国际化后，中国不仅可以减少因使用外汇引起的财富流失，还可以获得国际铸币税收入，为中国利用资金开辟一条新的渠道。

在经济金融日益全球化的今天，掌握一种国际货币的发行权对于一国经济的发展具有十分重要的意义。一国货币充当国际货币，不仅可以取得铸币税收入，还可以部分参与国际金融资源的配置。人民币成为国际货币，既能获得巨大的经济利益，又能增强中国在国际事务中的影响力和发言权，提高中国的国际地位。中国要想在全球金融资源的竞争与博弈中占据一席之地，就必须加入货币国际化的角逐。同时也应该认识到，货币国际化也将为本国经济带来不确定因素。如何在推进货币国际化的进程中，发挥其对本国经济有利影响的同时，将不利影响降至最小，是一国政府必须认真考虑的事情。可以相信，只要我们创造条件，坚定信心，发展经济，增强国力，在不远的将来，人民币就一定能够成为世界人民欢迎和接受的货币。

❈人民币国际化的主要障碍

人民币只是在私人领域的局部范围内具有国际货币职能，未来人民币需要进一步拓展国际货币职能，人民币国际化还需要经历区域化和全球化的过程，实现了在亚洲区域、全球区域的广泛流通，才算是真正实现了人民币的国际化。然而，目前人民币区域化和全球化还面临着诸多障碍和困难。

☞ 国内金融体系不健全，金融业开放度不高

一是金融市场不健全，金融机构的国际化程度不足。人民币国际化需要一个有一定广度、宽度和深度的国内金融市场提供支持，市场需要一定的规模、较大的弹性和足够的平稳性，才能极大地缓冲和吸收来自国际金融市场的冲击。目前国内金融市场规模较小，部分市场参与主体受到限制（如银行间市场），债券、资产支持证券、远期、期货、期权等金融产品发展落后，这不仅制约了境外人民币的回流规模，而且也难以应对国际金融市场上巨额资本带来的冲击，从而增大了人民币国际化的风险。同时，随着境外人民币流通数量增多，迫切需要国内金融机构在国际范围内提供相应的金融服务，然而我国银行业的跨国经营水平较低，不能提供国际化货币流通所需要的物理载体，国内金融业的境外机构和境外网点数量还远远不够，也不利于人民币的国际化发展。

二是人民币离岸市场发展滞后，境外人民币金融需求难以满足。由于资本账户管制放松短期内无法完成，出现对货币离岸市场的需求，中短期需要在境外建立人民币离岸市场。中国香港地区与内地经济联系紧密，中国香港地区的金融中心的地位，使得中国香港地区具有发展人民币离岸业务的很大优势。目前在中国香港地区，人民币存款已经达到了一定的规模，大量人民币从国内流出，并聚集到中国香港地区，但是人民币从中国香港地区到内地的回流机制还不健全，现有的回流渠道如人民币债券发行量小、同业拆借市场的进入才刚刚开始。同时，中国香港地区的境外人民币业务的范围还较窄，许多业务还没有被批准，不能为境外人民币提供全面的金融服务，如境外人

民币贷款业务、境外人民币金融衍生品等。

☞国内金融管制过于严格

虽然货币可自由兑换并不是货币国际化的条件，尤其是在货币国际化初期，不一定需要货币可自由兑换。但是货币可兑换性会影响货币国际化的进展。因为货币可兑换性是选择交易货币的重要因素之一，如果货币不能自由兑换，则货币持有者的交易成本上升，从而降低当事人选择该种货币的积极性。随着货币国际化向高级阶段（区域化和全球化）发展，将越来越受到货币不可自由兑换的限制。因此，人民币要想成为国际货币，就要逐步克服资本项目下可自由兑换的障碍。我国资本账户不能自由兑换，使得境外人民币难以自由兑换为其他货币，其实增加了人民币的交易成本，降低了境外机构和个人持有人民币的积极性。

国际货币的一个基本要求是应具备价值稳定性和可测性的特征。人民币国际化需要一个合理的人民币汇率制度。汇率是调节跨境资金流动的重要经济杠杆，增加人民币汇率的灵活性对保证我国人民币国际化进程中的金融稳定具有相当重要的意义。虽然近年来我国数次推进人民币汇率制度改革，人民币汇率制度逐渐趋向完善。但到目前为止，人民币汇率生成机制仍然是由企业结售汇制度、银行外汇结算头寸限额和中央银行干预"三位一体"构成的。在目前的外汇管理制度下，资本流出仍然受到严格控制，资本维持单向流动，外汇供给刚性增长，人民币仍旧保持升值趋势，吸引投机资金流入，制约了人民币国际化。

☞人民币国际化后金融风险更为复杂，宏观调控难度加大

一是人民币成为国际货币后，给中国人民银行的宏观调控增加了难度。

随着国际金融市场上流通的人民币规模增大，对央行货币政策调控的干扰也增大了，要求中国人民银行必须具备出色的对内和对外双重调控能力，能对受国内外双重影响的人民币供给量、人民币信贷规模与结构、人民币利率、人民币汇率等进行有效调控，使之保持合理的水平。此外，境外人民币现金需求和流通的监测将加大央行现金管理的难度，非法资金跨境流动将增加反假币、反洗钱的难度。

二是随着境外流通的人民币规模日益扩大，一些新的风险可能随之而来。大量跨境流动的人民币资金，尤其是境外人民币投机行为可能会对我国金融市场形成较大的冲击。如果市场认为人民币汇率明显高估，则国际投机者可以借入大量海外人民币，在外汇市场上集中抛售以打压人民币汇率。这对目前我国金融监管当局的监管水平提出更大的挑战，需要加强对跨境投机资本的监测和管理。

☞亚洲货币合作开展不够深入，制约了人民币的区域化进程

牙买加体系打破了美元独霸国际货币体系的格局，使国际货币步入多元化时代。美元、德国马克、日元、英镑、法国法郎等多种货币在全球或地区范围内发挥着国际货币或区域货币的职能，呈现出国际货币的垄断竞争态势。国际货币的垄断竞争一定程度上促进了区域货币合作的发展。欧盟经过长期努力，有效整合了包括德国、法国、意大利等成员国的货币，1999 年推出了欧洲统一货币——欧元。反观东亚货币合作，虽然取得了诸多进展，但是由于亚洲国家在政治、经济、文化、社会方面存在诸多差异，亚洲货币合作一直处于初级阶段，存在合作不够深入、合作形式比较松散、合作缺乏约束力和持续性等问题。

目前人民币国际化处于周边化向区域化过渡的阶段，开展亚洲货币合作

是不可或缺的。同时，有必要开展区域性的货币合作以提高人民币的国际竞争力。在此过程中，尤其要结合国情来设计最佳方案。

❖人民币国际化的对策选择

人民币国际化是以实际经济、贸易为基础自然发展的必然过程，它是中国改革开放后经济持续增长的一种反应。在人民币国际化的战略选择上，应根据中国的国情并借鉴各国货币国际化的经验来设计最佳方案，以稳步推进人民币国际化的进程。

☞继续保持人民币汇率稳定

近年来，人民币在中国周边国家和地区的使用范围不断扩大，人民币逐渐成为对外贸易的交易货币和国际结算货币。人民币汇率的剧烈波动将不利于中国与周边国家和地区贸易的扩大。所以，在该阶段人民币汇率的稳定相当重要。需要注意的是，人民币汇率的稳定并不是人民币汇率不动，而是在完善人民币汇率机制的基础上，避免人民币汇率的大幅波动。

☞逐渐加强人民币离岸金融中心的建设

人民币在境外的借贷，相当于欧洲货币业务，即人民币的离岸业务。因此，境外也发生了人民币的存款创造机制，对中国货币政策的执行提出了更高的要求。在离岸金融中心的建设上，与中国香港地区的金融合作非常重要。同时，中国与亚洲的金融合作也进入更高的阶段，各方合作的目标和内容越来越明朗。通过人民币的离岸金融市场业务带动人民币区域化进而实现人民币的国际化，是人民币成为国际通货、融入全球最现实的选择。

☞尽快构建人民币回流机制，增强境外持有者对持有人民币的信心

如果人民币不能通过正常渠道回流到中国，那么流出的大部分人民币很有可能通过非法渠道回流内地，造成地下钱庄和货币走私活跃，这不仅极大地威胁了中国的金融安全，而且周边的国家和地区也难以将人民币作为主要的区域储备货币。为此，中国政府除了扩大在边境贸易中使用人民币结算以外，还可以考虑向周边的国家和地区承诺他们不仅可以用人民币购买中国的商品、政府债券，也可以用人民币对中国进行直接投资。

☞深化金融体制改革，完善现代金融体系，提供优质、高效的金融服务

人民币的国际化，必然要求金融服务的国际化。发展我国的金融市场，包括发展短期国债市场、长期资本市场、期货市场等。从近期来看，最紧迫、最重要的是要发展我国的短期国债市场。中国人民银行可以凭借国债市场迅速有效地调控货币流通量和影响物价水平，而相对较低的通货膨胀水平和稳定的经济增长对于人民币国际化具有重要的现实意义。完善我国金融体系建设，是保障人民币国际化顺利进行的必不可少的条件。

☞加快金融市场和国际化金融中心的建设

高度开放和发达的金融市场和金融中心将使一个国家（包括其货币）成

为国际金融市场的核心和枢纽，它是一个国家货币进行国际兑换和调节的重要载体和渠道。就目前情况来看，中国除了上海和中国香港地区勉强符合条件之外，我们很难再找出其他好的例子。但是，鉴于目前中国经济的蓬勃发展，对于金融市场的需求是巨大的，这是发展我国金融事业的一个很难得的机会。所以，对于上海以及中国香港地区，政府应该在政策和财政上给予一定的倾斜支持，为人民币的国际化创造物质条件。除此之外，对于北京、广州等外资集聚的城市，也应该加以重视，积极营造氛围，鼓励金融企业立足一线城市，逐步发展，并向内陆地带扩张。

☞改革现行的储备制度和储备政策

加大战略物资储备，减少经常项目顺差。对于石油以及重要矿藏资源，我们应该借鉴欧美等发达国家，在国际市场行情允许的前提下，积极利用已有的国际资源，实行大量进口，减少国内相关资源的消耗，缓解国内相关市场对这些重要资源的敏感程度，为国民经济打好"预防针"。

☞缩小我国劳动工资成本与国际水平的差距

人民币升值压力的内在原因之一是我国劳动力成本优势。在中共十七大召开之后，中央已经开始重视工薪阶层特别是大量廉价农民工劳动力的薪酬福利问题，将最低报酬制度落实到社会各个层面。尽管在中国当前的情况下，这样做会在一定程度上影响"中国制造"在国际市场上的成本优势，但是从长远角度出发，这样做却能够解决当前紧张的劳资关系以及敏感的企业社会责任问题。最重要的还是可以最大限度地缓解现在国际社会对中国的舆论以及政治压力，减少相关贸易壁垒。

☞实施贸易平衡

目前，中国的贸易顺差持续大幅增长以及外汇储备数目庞大而结构不合理是导致当前人民币升值压力的主要原因之一。在这点上，政府应该运用多元化的政策鼓励国内有能力的公有制以及私营企业积极实行"走出去"的战略，促进自身外汇储备的消化。另外，对国内相关"夕阳产业"应及时淘汰并规范若干能耗大、污染严重的行业，保护自然生态环境以及优化产业结构，对相关行业实行出口关税措施，引导其向对社会有利的方向前进。

在全球经济瞬息万变的时代，实现人民币的国际化是我们的必然选择，也是适应经济发展和改革现行汇率制度的必然要求。前途是光明的，道路是曲折的。我们应不畏惧人民币国际化过程中的困难，勇于前进，积极探索，把握机会，为构建和谐社会、实现中华民族的伟大复兴而奋斗。

第六章 "亚投行"：彰显大国金融崛起抱负

亚投行将为中国营造一个和谐稳定的外部环境，将为"一带一路"与人民币国际化保驾护航，将有助于解决中国产能与外汇储备两大"过剩"问题，将促使中国在国际经济金融舞台上获得更大的话语权，从而彰显大国金融崛起抱负。其实无论是金砖国家开发银行、上合组织开发银行、亚洲开发银行还是丝路基金，都是我国争取国际金融话语权、降低外汇储备风险的重要举措。

❖ "亚投行"的创立背景及其意义

"亚投行"的全称是亚洲基础设施投资银行，是一个政府间性质的亚洲区域多边开发机构，重点支持基础设施建设，总部设在北京，法定资本1000亿美元。

☞ "亚投行" 创立背景

根据亚洲开发银行的测算，从现在到 2020 年这段时期，亚洲地区每年基础设施投资需求将达到 7300 亿美元，现有的世界银行、亚行等国际多边机构都没有办法满足这个资金需求。由于基础设施投资的资金需求量大、实施的周期很长、收入流不确定等因素，私人部门大量投资于基础设施的项目是有难度的。

亚洲地区其实并不缺资金，缺的只是融资机制，需要搭建一个专门的基础设施投融资平台，以充分利用本地区充裕的储蓄。"亚投行"将和现有的多边开发银行合作，撬动私营部门的资金，合理分担风险，共享利益，促进亚洲基础设施的建设。

☞ "亚投行" 的创立目的

中国之所以发起组建"亚投行"这个专为亚洲量身打造的基础设施开发性机构，主要是从亚洲国家在基础设施建设方面的现状考虑的。因为，中国、日本、韩国等国家，正是通过基础设施的大力改善，才获得了快速发展的机会。尤其是中国这样的发展中人口大国，如果没有基础设施先行，经济发展不可能出现这样的巨大变化。而从亚洲国家的现状来看，印度、印度尼西亚等国家，都在基础设施方面严重滞后，这已严重拖了这些国家的经济发展和居民生活水平提高的后腿。如果"亚投行"能为这些国家提供比较充足的资金支持，那么，这些国家的基础设施条件就会很快得到改善。

亚洲基础设施投资银行将同域外现有多边开发银行合作，相互补充，共同促进亚洲经济持续稳定发展。

☞ "亚投行" 的创立意义

"亚投行"不仅有利于亚洲地区的基础设施建设和助力经济发展，更加体现了一种大局思维，让新兴市场国家不再受制，也把中国在世界经济舞台的地位再次拉升了一个档次，带动中国产业升级，推动中国金融服务业的改革发展和国际化接轨，这是一个新的起点。

"亚投行"的产生，可推动亚洲基础设施的投资，推动亚洲的经济增长。"亚投行"不仅是一个"修桥"和"造路"的机构，更能在投融资体制改革方面发挥更大作用。"亚投行"会帮助亚洲和全球经济持续增长，以及增强全球经济的稳定性。

中国提倡筹建"亚投行"，一方面能继续推动国际货币基金组织和世界银行的进一步改革，另一方面也是补充当前亚洲开发银行在亚太地区的投融资与国际援助职能。

"亚投行"的建立，将弥补亚洲发展中国家在基础设施投资领域存在的巨大缺口，减少亚洲区内资金外流，增加其投资于亚洲的"活力与增长"。

"亚投行"是继提出建立金砖国家开发银行、上合组织开发银行之后，中国试图主导国际金融体系的又一举措。这也体现出中国尝试在外交战略中发挥资本在国际金融中的力量。更值得期待的是，"亚投行"将可能成为人民币国际化的制度保障，方便人民币"出海"。

"亚投行"的利好消息让人看到"一带一路"战略的稳健步子，这一切是世界对中国外交"有所作为"的认可。中国必将从局面的不断向好转变中收获信心，也积累了如何在复杂国际环境下发挥中国作用的经验。

❖ "亚投行" 将重塑国际金融秩序

当今以美元为主导的"布雷顿森林"货币体系早受诟病，筹建"亚投行"是中国顺应国际金融体系进步潮流提出的战略构想，也是做好"负责任大国"角色的一次可贵的试水。"亚投行"客观上将成为一个跨越亚、欧、拉美的国际性多边金融机构，除了能够直接支持全球基础设施建设和经济发展外，还将极大地重塑全球金融新秩序，使中国在全球事务中的领导力崭露头角。

☞推出新规则、新秩序

在遵守国际通行惯例与合理规则的前提下，"亚投行"将维护发达国家利益的不合理规定和计算方法，推出以各国相互尊重为主旨的中国版世界金融新规则、新秩序。例如，各国在"亚投行"的投资权重将以 GDP 为主要依据。

☞世界金融治理格局改变不可阻挡

第二次世界大战后经过 70 多年的发展，随着新兴经济体的崛起，世界力量对比已发生根本性的改变。然而，世界银行和亚洲开发银行并不能反映这种变化，中国和其他新兴经济体国家在两行的话语权和投票权依然受到限制。另外，世界银行和亚洲开发银行主要是从事扶贫、环境保护等事宜，而对于基础设施的投资却十分有限，中国自立门户，成立"亚投行"正好弥补了这个空缺。

☞ "亚投行" 将成为世界银行和亚洲开发银行两大银行的重要补充

据亚开行代表的说法,世界银行和亚开行目前每年能够提供给亚洲的资金大概只有 200 亿美元,用于基础设施的数额仅为这些资金的 40% ~ 50%,杯水车薪而已。另据亚洲开发银行预测,2010 ~ 2020 年,亚洲各国的基础设施投资需求将达 8 万亿美元,另需约 3000 亿美元用于区域性基础设施建设。但亚洲地区一些国家受国力影响,国内财政无法满足基础设施建设的庞大资金需求,这就出现了缺口。"亚投行" 的使命就是填补这个缺口。面对亚洲地区庞大的基础设施建设需求,英国不顾美国的阻挠,加入 "亚投行",这是利益驱动下的决定,旨在共享亚洲发展红利。

"亚投行" 的建立标志着世界金融体系正在发生变化,其未来影响无疑是全球性的。它不仅意味着中国在国际金融体系中将有一席之地,更是以发展中国家为主体寻求共同发展的一种金融组织形式,是发展中国家走出现有国际金融体系困境的重大举措,发展中国家在国际金融体系中将不再无足轻重,而是成长为重要一极。

❖ "亚投行" 的投资方向和运行机制

"亚投行" 在成立之初,就已经确定了侧重于基础设施建设的定位。这跟现有的世界银行、亚洲开发银行等强调以减贫为主要宗旨并不一致。根据规则，无论是世界银行还是亚洲开发银行，要获得它们的贷款，都要在政府透明度、意识形态等方面通过考核；不仅如此，还有环保、雇用、招投标等方面的多种要求。

☞ "亚投行"的投资方向

作为由中国提出并创建的区域性金融机构，"亚投行"的主要业务是援助亚太地区国家的基础设施建设。在全面投入运营后，"亚投行"将运用一系列支持方式为亚洲各国的基础设施项目提供融资支持。除了传统意义上的"铁公基"项目（铁路、公路、机场、桥梁、水利等重大基础设施建设），未来"亚投行"的投资将不完全局限于基础设施领域，也包括节能减排项目等，农业也会是一个投资方向；同时，"亚投行"不仅青睐创建型的绿地投资，还会参与跨境并购和一些前景看好的现有项目改造。

虽然"亚投行"办公楼还未建成，但第一个项目已经有了着落。"亚投行"成立后的第一个目标就是投入"丝绸之路经济带"的建设，其中一项就是从北京到巴格达的铁路建设。

☞ "亚投行"的运行机制

作为一家新成立的多边开发银行，"亚投行"在治理结构、业务定位等方面将充分借鉴现有多边开发银行通行的经验与好的做法，同时也要避免其走过的弯路，以降低成本和提高运营效率，更好地为成员国服务。

在组织结构方面，"亚投行"设立理事会、董事会和银行总部三层管理架构，并将建立有效的监督机制，确保决策的高效、公开和透明。其中，由所有成员国代表组成的理事会是其最高权力和决策机构；董事会由理事会选举的总裁主持，负责对日常事务的管理决策；银行总部下设银行各主要职能部门,包括综合业务部、风险管理部等,分别负责"亚投行"日常业务的开展。在运行初期,"亚投行"设非常驻董事会,每年定期召开会议就重大政策进行决策。"亚投行"还将设立行之有效的监督机制以落实管理层的责任,并根据公开、包容、透明和择优的程序选聘行长和高层管理人员。

在业务定位方面,"亚投行"业务定位为准商业性。初期"亚投行"将主要向主权国家的基础设施项目提供主权贷款。针对不能提供主权信用担保的项目,引入公私合作伙伴关系模式。"亚投行"也会通过成立一些专门的基金进行投融资进而保证资金规模。"亚投行"也将考虑设立信托基金,通过"亚投行"和所在国政府出资,与私营部门合理分担风险和回报,动员主权财富基金、养老金及私营部门等更多社会资本投入亚洲发展中国家的基础设施建设。

从如上的运行机制来看,运行后的"亚投行"将与亚洲开发银行有着本质的区别。"亚投行"将会按照多边开发银行的模式和原则运营,重点支持亚洲地区基础设施建设;而亚洲开发银行的本质则是为了亚洲脱贫而努力。

☞ "亚投行"的运营模式

"亚投行"或将采用"银行+基金"模式。

设立地区性投融资机构有三种备选模式,第一种是依托现有的某个国家的金融机构独家设立;第二种是各国共同出资新设投资基金;第三种是各国共同出资设立地区性银行。"亚投行"的模式毫无疑问是第三种。

在内部运营方面,前期"亚投行"讨论组考虑了两种模式。第一种是银行模式,即借助现有的金融机构,马上进行建设。但单独的金融机构资金量不足,难以满足多国借贷需求。第二种是基金模式,尽管融到更多资金,但基础设施项目的收益,难以达到基金高回报率的要求。最终,决策层将两种模式叠加，形成"银行＋基金"的模式。在这种模式下，各成员国共同出钱组建"亚投行"，再下设一些基金进行融资。这种模式虽然慢，但保证了资金规模，而且有多国政府参与，影响力大。

❖ 国际上对"亚投行"的反应

截至 2015 年 4 月 15 日，中国倡议推动的"亚投行""朋友圈"已达 57 个国家。纵观"亚投行"诞生过程，中美外交"暗战"、"交锋"、"对决"等说法频现于各大媒体。而各方受内政外交因素影响，加入"亚投行"的决策过程各异。

☞美国的态度

美国认为，全球金融秩序由国际货币基金组织、世界银行和亚洲开发银行"联合主演"已经足够。中国另起炉灶搞"亚投行"，是对传统秩序的挑战。

2014 年 6 月 30 日，美国阻挠韩国加入"亚投行"。美国通过美国驻韩大使馆向韩国政府通报称"美国对韩国加入 AIIB 一事深感忧虑"，并明确谈到，"韩国加入 AIIB，会导致韩美长久积累下来的友邦互信受到影响"。

为了遏制中国，美国向其盟友施压不让其加入"亚投行"，例如，向印度尼西亚、澳大利亚和韩国施压。这些国家实际上非常想加入，但是他们希望新银行能够在区域内定制一个高标准，例如，在环境保护和反腐败等方面要有建树。澳大利亚就非常担心拒绝加入"亚投行"可能降低其在区域的影响力。

据法新社 2015 年 4 月 29 日报道，美国总统奥巴马和日本首相安倍晋三当地时间 28 日在白宫举行联合新闻发布会，奥巴马在回答记者提问时称，美国不反对"亚投行"，美国"从来没有"反对中国主导的"亚投行"，但是它需要高标准和透明度。奥巴马说："亚洲需要基础设施……就这个层面上说中国愿意投资亚洲基础设施项目，这是有积极意义的。"

☞欧洲的态度

欧洲人认为，传统的金融秩序存在缺陷，他们需要更具活力的新秩序，为其可持续发展提供动力。由于欧洲和中国没有地缘政治龃龉和现实利益冲突，"亚投行"对欧洲充满吸引力。至于新秩序是美国主导还是中国倡导，欧洲人自信他们不可或缺。

2015 年 3 月 12 号，英国财政部宣布，英国向中方提交了作为意向创始成员国加入"亚投行"的确认函，正式申请加入"亚投行"，成为首个申请加入"亚投行"的主要西方国家。

英国正式宣布作为意向创始成员国加入筹建中的"亚投行"，带动了多个欧洲主要国家和亚太国家立场的转变或松动。英国之后，2015 年 3 月 17 日，德国、法国、意大利也申请作为意向创始成员国加入"亚投行"。2015 年 3 月 18 日，欧洲最富的卢森堡确认申请加入"亚投行"，成为第 5 个申请加入"亚投行"的欧洲国家。2015 年 3 月 24 日，奥地利政府申请加入"亚投行"。

☞日本的态度

美国、日本对华，既有地缘政治心结，又存经贸制衡情结，加之中日间的历史恩怨和领土争端，美国、日本排斥"亚投行"，是系统化制华战略的体现。

日本官房长官菅义伟在记者会上，就日本是否加入"亚投行"做出了最新表态，日本将对此持"慎重态度"，暂时不考虑加入。在"亚投行"问题上，日本既碍于"老大"美国的面子，又谨慎地盘算着自己的利害得失。不仅如此，日本深刻明白，"亚投行"对亚洲开发银行具有巨大威胁。日本副首相兼财务大臣麻生太郎曾经表示，如果日本政府提出的相关条件得到满足，同时债务偿还的环境得以完善的话，可以考虑加盟"亚投行"。

☞国际组织持欢迎姿态

2014 年 5 月 2 日，亚洲开发银行行长中尾武彦公开表示："亚洲开发银行自身贷款能力有限，如果亚洲基础设施投资银行建立起来，我们非常愿意与其展开合作。"对"亚投行"的成立持欢迎姿态。

2015 年 3 月 21 日，首届东盟财长和央行行长会议在吉隆坡闭幕。会议共同主席、马来西亚第二财政部长胡斯尼表示，东盟正在全力协助设立由中国倡导的"亚投行"，其将与东盟基础设施基金一起为该地区发展提供更多资金支持。

2014 年 7 月 8 日，世界银行行长金墉访问北京，对中国倡议筹建区域性基础设施投资银行表示欢迎，称基建领域对新投资有"巨大需求"。

"亚投行"倡议的成功实现，成为标志性事件，最终结果也显示出各方对于中国合作共赢理念的认同。虽名为"亚投行"，其创始成员却遍及亚洲、欧洲、非洲、南美洲和大洋洲，中国这一倡议获得了全球认可，掀起了一股"亚投行热"。

◈ 海南博鳌主场 "大丰收"

2015 年 3 月 28 日 17 时 15 分，在海南小城博鳌，博鳌亚洲论坛的分论坛 "亚洲基础设施投资银行与金砖国家开发银行：多边金融格局中的新力量" 正式开始。习近平总书记在开幕式上做了主旨演讲。

中国国家主席习近平说 "亚洲好，世界才能好"、"水涨荷花高"，习近平在博鳌亚洲论坛发表的演讲中，提出一系列新理念、新倡议、新主张，给 "携手迈向命运共同体、开创亚洲新未来" 这一重大主题定调，吹响了亚洲人民携手共襄盛举的新号角。

☞博鳌主场 "大丰收"

博鳌亚洲论坛 2015 年年会首日，由中国牵头成立的 "亚投行" "朋友圈" 加速扩容。"最后期限来临，美国盟友排着队冲入 '亚投行'。" 澳大利亚《国际工商时报》网站称，截至 2015 年 3 月 29 日，澳大利亚正式宣布申请作为意向创始成员国加入 "亚投行"，并已向中方提交了书面确认函。前一天，丹麦正式宣布申请作为意向创始成员国加入 "亚投行"，也已向中方提交了书面确认函。中方正根据多边程序征求现有意向创始成员国的意见。如顺利通过，澳大利亚和丹麦将分别于 4 月 13 日和 4 月 12 日正式成为 "亚投行" 意向创始成员国。

随着 2015 年 3 月 31 日这一意向创始成员国申请截止日期的临近，越来越多国家搭上了 "末班车"。奥地利将申请加入，认缴的资本可能在 3000 万 ~

5000万欧元。韩国政府经有关部门协商后决定加入"亚投行"，并已向中方以书面形式通知此事。同一天土耳其也宣布申请作为意向创始成员国加入"亚投行"。3月28日，俄罗斯第一副主席伊戈尔·舒瓦洛夫在博鳌亚洲论坛2015年年会开幕式上宣布了总统普京的决定，俄罗斯正式宣布将申请加入"亚投行"。此外，荷兰、丹麦、巴西和格鲁吉亚28日正式宣布申请作为意向创始成员国加入"亚投行"，并已向中方提出了书面确认函。澳大利亚总理阿博特3月29日宣布，澳大利亚将作为意向创始国成员申请加入"亚投行"。阿博特表示，过去几个月来，"亚投行"在架构设计、管理和开放透明度方面取得了良好进展。此外，据日媒报道，中国台湾地区亦有意申请加入。美国政府对待"亚投行"的态度也更加务实，美国财政部长很快就要访华，极有可能与中方就"亚投行"相关问题展开讨论。

博鳌主场"大丰收"，当时扩容至46个国家和地区谋求成为"亚投行"创始会员国，韩国和土耳其这两个美国的盟友将成为最新的意向成员。

☞欧洲掀起"亚投行热"

欧洲为什么会掀起"亚投行热"？这要从2008年说起，当时，一场源自美国的次贷危机把全球拖入周期性经济危机。之后，美国通过量化宽松的货币政策，不断刺激经济，保障就业，其经济形势开始好转。而美国的量化宽松政策引发了全球各国的超发货币风潮，欧洲不久就爆发了债务危机，欧元不断贬值，时至今日仍未有经济复苏的迹象。有人说，"美国不过打了一个喷嚏，欧洲就感冒了"。正是这样的经历，让欧洲人感觉到，美国主导的世界金融秩序对欧洲来说并不是什么好事。

本来亚洲和欧洲就同处一片大陆，"新丝绸之路"一旦打通，亚洲和欧洲就是连在一起的经济体，而控制着海洋的美国远离亚欧大陆的优势将变成其劣势。

习近平在演讲中还引用"独行快，众行远"、"一棵树挡不住寒风"等世界各地的谚语以说明一个核心理念："只有合作共赢才能办大事、办好事、办长久之事"；要"摒弃零和游戏、你输我赢的旧思维，树立双赢、共赢的新理念"。主导"亚投行"，中国很淡定。

亚洲是公认的未来世界经济的火车头。这个拥有数十亿人口和巨大市场的大洲，基础设施建设相对滞后。中国是"亚投行"的发起者，提出了"一带一路"战略和"互联互通"战略。通过交通和基础设施将亚洲和欧洲连在一起，这个项目的直接受益者是亚洲和欧洲各国。"亚投行"的出现给了欧洲人另外一条出路，使之将目光转向东方！

❖ "亚投行"大事纪要

世界各国密集申请搭乘"亚投行"这列"东方快车"，使得人们真切感受到这个可能填补空白的新事物所蕴含的巨大生机。通过下面的"亚投行"大事纪要，我们可以感受到"亚投行"的巨大吸引力。

☞首次提出

2013年10月，中国国家主席习近平在雅加达同印度尼西亚总统会谈时倡议筹建亚洲基础设施投资银行（"亚投行"的全称），愿向包括东盟国家在内的本地区发展中国家基础设施建设提供资金支持。

这是"亚投行"第一次出现在公开报道中。几天后，"亚投行"便在国际多边场合"首秀",依然是在印度尼西亚。2013 年 10 月 7 日,巴厘岛,亚太经合组织工商领导人峰会,习近平在题为《深化改革开放,共创美好亚太》的演讲中,再次提及筹建"亚投行"的倡议。

紧接着,国务院总理李克强也在国际场合重申此一倡议。中国领导人的密集表态向世界传递了一个清晰信号:"亚投行",是动真格的。

☞ 凌波微步

"亚投行"筹建至今,谋势布局稳扎稳打,如同凌波微步,越走越有进益。

2014 年 1～9 月,共举行多次筹建"亚投行"的多边工作磋商会议及一次部长级工作晚餐会。参与者也从最初的 10 多个增加到 21 个。各方就"亚投行"的宗旨、治理、总部选址、股权结构等问题进行了充分沟通。

2014 年 10 月 24 日,包括中国、印度、新加坡、卡塔尔、泰国在内的 21 个"亚投行"首批意向创始成员国的财长和授权代表在北京签署《备忘录》。这标志着"亚投行"迈出了从概念转向实体的第一步。一个月后,印度尼西亚成为第 22 个意向创始成员国。

2014 年 11 月,在云南昆明举行的首次谈判代表会议上,"亚投行"意向创始成员国商定了接纳新意向创始成员国的程序和规则。

☞ "亚投行热"

2015 年新年前后,"亚投行"迎来第一波申请高峰。马尔代夫、新西兰、塔吉克斯坦、沙特阿拉伯、约旦先后加入。

2015 年 1 月,意向创始成员国在印度孟买举行第二次谈判代表会议,就"亚投行"章程草案进行了首轮磋商,正是这次会议,确定 3 月 31 日为创始成员国申请的截止日期。

这个最后期限的划定，促使世界各国，特别是一度观望的西方国家在3月密集表态。3月12日，英国成为第一个宣布申请加入"亚投行"的主要西方国家。随后，法国、德国、意大利、卢森堡、瑞士先后提出申请。

☞博鳌盛况

2015年3月26~29日的博鳌亚洲论坛期间，又一波"亚投行"申请热出现：

26日，土耳其宣布申请加入"亚投行"；27日，韩国、奥地利申请加入"亚投行"。

28日，在博鳌论坛开幕式上，习近平主席在主旨演讲中再次提及"亚投行"；俄罗斯第一副总理舒瓦洛夫宣布，俄罗斯将申请加入"亚投行"。同一天，荷兰、巴西、格鲁吉亚、丹麦提出正式申请。

29~30日，澳大利亚、埃及、芬兰申请加入"亚投行"。31日，吉尔吉斯斯坦、瑞典来赶"末班车"。

博鳌亚洲论坛期间申请加入"亚投行"的意向创始成员国已达46个，覆盖五大洲。当然，根据规程，意向创始成员国的最终数量要到4月15日才能完全确定。3月31日之前未提出申请成为创始成员国的国家，今后仍可作为普通成员加入。

☞热度不减

2015年4月1日，德国正式成为"亚投行"第31个意向创始成员国。

2015年4月1日，波兰财政部副部长拉齐维尔表示，波兰愿意以创始成员国身份加入中国主导的"亚投行"。

2015 年 4 月 2 日，意大利、法国正式成为"亚投行"意向创始成员国。

2015 年 4 月 3 日，伊朗、阿联酋正式成为"亚投行"意向创始成员国。

2015 年 4 月 9 日，马耳他、吉尔吉斯斯坦正式成为"亚投行"意向创始成员国。

2015 年 4 月 10 日，土耳其正式成为"亚投行"第 38 个意向创始成员国。

2015 年 4 月 11 日，西班牙、韩国、奥地利正式成为"亚投行"意向创始成员国。

2015 年 4 月 12 日，荷兰、巴西、芬兰、格鲁吉亚、丹麦正式成为"亚投行"意向创始成员国。

2015 年 4 月 13 日，澳大利亚正式成为"亚投行"第 47 个意向创始成员国。

2015 年 4 月 14 日，埃及、挪威、俄罗斯正式成为"亚投行"意向创始成员国。

2015 年 4 月 15 日，瑞典、以色列、南非、阿塞拜疆、冰岛、葡萄牙、波兰正式成为"亚投行"意向创始成员国。

至此，"亚投行"意向创始成员国增至 57 个。其中域内国家 37 个、域外国家 20 个。虽然"亚投行"已经停止接收意向创始成员，但今后仍会继续吸收新成员。各方在今后的章程谈判和磋商中，将就吸收新成员的程序和规则等做出安排。

☞成员概况

联合国安理会五大常任理事国已占四席：中国、英国、法国、俄罗斯。

G20 国家中已占 14 席：中国、印度、印度尼西亚、沙特阿拉伯、法国、德国、意大利、英国、澳大利亚、土耳其、韩国、巴西、俄罗斯、南非。

西方七国集团已占四席：英国、法国、德国、意大利。

"金砖"国家全部加入：中国、俄罗斯、印度、巴西、南非。

按大洲分，亚洲 34 国，欧洲 18 国，大洋洲 2 国，南美洲 1 国，非洲 2 国，总计 57 国，已全部成为正式的意向创始成员国。

第七章　"一带一路"：撬动金融业大盘

　　"一带一路"是"丝绸之路经济带"和"21世纪海上丝绸之路"的简称，是由中国国家主席习近平分别提出的建设"新丝绸之路经济带"和"21世纪海上丝绸之路"的战略构想。不仅明确了对外开放的新路径，同时将成为中国经济新的增长点；随着一带一路沿线国家经贸往来的不断扩大，对金融服务的需求势必进一步增长，将撬动金融业大盘。

❖ "丝绸之路" 上的货币和信用

　　古代陆路"丝绸之路"和"海上丝绸之路"，曾有花雨缤纷、舟楫络绎的繁荣，不仅彰显了古老中华文明的"和平、开放、包容"，而且在历史长河中扮演了货币流通和信用活动的金融角色。

☞古代"丝绸之路"简介

西汉时期的杰出探险家、外交家张骞出使西域，开辟了一条连接中西方的陆路商道，它以长安为起点，经关中平原、河西走廊、塔里木盆地，到锡尔河与乌浒河之间的中亚河中地区、大伊朗，并联结地中海各国。大约在19世纪70年代，德国地理学家费迪南·冯李希霍芬将其命名为"丝绸之路"后，即被广泛接受。陆路"丝绸之路"开通后，华夏大地与西域诸邦之间"驰命走驿，不绝于时月；商胡贩客，日款于塞下"。

除张骞开辟的陆路商道外，我国古代还开辟了海上贸易通道，形成了由东西洋间一系列港口网点组成的国际贸易网。其发展过程大致可分为这样几个历史阶段：①唐代中期以前为形成时期，隋唐以前，海路只是陆上"丝绸之路"的一种补充形式；②唐中晚期是转型时期；③宋元两代为极盛时期；④明朝时期为衰落期。

这条海上贸易通道在隋唐时期运送的主要大宗货物仍是丝绸，所以后世把这条连接东西方的海道叫作"海上丝绸之路"。到了宋元时期，瓷器渐成为主要出口货物，因此又称作"海上陶瓷之路"。同时由于进口商品历来主要是香料，因此也可称作"海上香料之路"。"海上丝绸之路"是约定俗成的统称。在唐宋元的繁盛期，中国境内主要有泉州、广州、宁波三个主港和其他支线港，其中泉州为联合国教科文组织认定的"海上丝绸之路"起点。

在"海上丝绸之路"开始走向极盛的两宋时期，中国的航海技术已经有了较大的发展，船体的隔舱、司南等对航海有极大促进作用的发明已经出现。在南宋时期，我国以贵金属为货币，南宋统治区域内并无较大规模的贵金属矿藏，而贵金属产量较多的日本、南洋等地又必须经过海运方可到达，促进了海上贸易的兴起。从当时的国际环境看，由于西夏、蒙古帝国、奥斯曼帝国相继隔断了中国与欧洲交往的陆上通道（陆路"丝绸之路"），并对贸易商人征收高额税率，极大地抑制了陆路商贸，商人为将丝绸、瓷器、香料等货物运至欧洲，换取高额利润，只得改走水路，使得"海上丝绸之路"兴盛。

到了元代，1322 年设置泉州、庆元（宁波）、广州市舶提举司。1330 年，年仅 20 岁的民间航海家汪大渊，由泉州港出海航海远至埃及，著有《岛夷志略》一书，记录所到百国。

值得一提的是明代航海家、外交家郑和，他曾经七下西洋，是中国古代规模最大、船只最多（240 多艘）、海员最多、时间最久的海上航行，比欧洲国家的航海时间早几十年，是明代高水平航海技术的直接体现。郑和的航行之举比葡萄牙、西班牙等国的航海家，如麦哲伦、哥伦布、达伽玛等早将近一个世纪，堪称是"大航海时代"的先驱，也是唯一的东方人，更早于 1487 年远赴非洲的迪亚士。郑和下西洋展示了明朝前期中国国力的强盛，中国的海军纵横大洋，实现了万国朝贡，盛世追迹汉唐；加强了中国明朝政府与海外各国的联系，向海外诸国传播了先进的中华文明，加强了东西方文明间的交流；这是中国古代历史上一件世界性的盛举。郑和船队给沿途各国带去的是瓷器、茶叶、丝绸、工匠，而没有带去扩张和称霸的野心，彰显了古老中华的人文精神。

中国古代的两条"丝绸之路"，不仅是一条东方与西方进行经济、政治、文化交流的主要道路，而且涵盖了中国的港口史、造船史、航海史、海外贸易史、移民史、宗教史、国家关系史、中外科技文化交流史等诸多具体内容。"丝绸之路"所蕴含的丰富的文化底蕴，是中华民族的宝贵财富，而习近平同志提出的"一带一路"就是对历史文明的一种传承。

☞丝绸充当"国际结算主要货币"角色

中国古代的"丝绸之路"不仅是贸易之路，也是一条"货币之路"。在陆路"丝绸之路"上，丝绸不只是一种商品，还是一种货币，充当"国际结算主要货币"的重要角色。很多大宗贸易就是用丝绸作为货币进行交易的，特别是牲口和奴婢。例如，唐代敦煌和吐鲁番一带的马价一般在15匹练（匹练指一定数量的丝绸绢练）左右，较次的在10匹练左右，而奴婢的买卖价格有时可达40匹练。

用丝绸作为货币的另一个好处是不会贬值。在陆路"丝绸之路"沿途，特别是在中国的西北地区流通着波斯银币、铜币和丝织品三种货币。据史料记载，唐武周年间（690年前后）到天宝时期（745年前后）的55年间，银币与丝织品之间的兑换率一直是1匹练换10文银，而铜钱则贬值约30%。很显然，相对来说，绢练对于中西诸方来说具有公认的价值和较高的信誉，可以作为"硬通货"来使用。

☞ "丝绸之路"上的货币流通和信用制度

在"丝绸之路"发展贸易的同时，中外的货币流通和信用制度也得到发展。在陆上贸易最为繁荣的隋唐时期，主要以商品输出为主，而货币和信用的输出相对较少。当时的贸易主要以互市贸易、朝贡和绢马为主。唐开元二年（713年）颁布过"金铁不得与诸蕃互市"的禁令。以后各代也发过类似的禁令（即朝廷严禁货币输出）。由于我国古代商品货币关系不发达，统治者可能担心货币流出造成财政困难。

"海上丝绸之路"发展起来后，南宋以来中国大量购买海外珍宝、香料、药材，造成长期贸易逆差，金、银、铜钱大量外流，成为一个严重问题。苏门答腊岛等地流通使用中国铜钱，甚至引起"钱荒"，就与铜钱大量流出有着密切的关系。郑和下西洋时，中国与西方的贸易开始表现出商品输出、白银流入的特点，国际收支随之逆转。海外白银的大量流入促成了白银本位制的建立，并且白银的地位更加突出，银钱体系得以建立。到了近代，国家之间的海上贸易往来日益频繁，考虑到易地兑换的难度和货币运送缺乏安全性等因素，近代货币信用制度应运而生，标志着古代"丝绸之路"贸易进入了创新发展的新时期。

近代新式银行把货币、信用逐步与贸易发展结合在一起，有效地规避了贸易风险，极大地优化了外贸结构和运作。此外，近现代货币信用制度还促进了贸易融资，支持了技术和贸易的紧密结合。如股份公司通过承兑、贴现、抵押贷款等金融创新方式为贸易融资提供便利，扩展了贸易范围和规模。

货币的本质在于信用，它具体是什么形式并不重要，是丝绸、贝壳、金银、纸币、电子货币甚至只是意识到它存在就可以。从海陆两条"丝绸之路"的发展历史，可以看出货币流通与信用制度的发展息息相关，而现在推出的"一带一路"战略，体现了对古代"丝绸之路"精神的继承和发扬，是基于现实的对中华民族历史血脉的传承和创新。

❖ "一带一路"的启动背景

"一带一路"是中国提出的合作发展的理念和倡议，是依靠中国与有关国家既有的双多边机制，借助既有的、行之有效的区域合作平台，旨在借用古代"丝绸之路"的历史符号，高举和平发展的旗帜，主动发展与沿线国家的经济合作伙伴关系，共同打造政治互信、经济融合、文化包容的利益共同体、命运共同体和责任共同体。

☞启动"一带一路"的国际背景

海洋是各国经贸文化交流的天然纽带，共建"21世纪海上丝绸之路"，是在全球政治、贸易格局不断变化的形势下，中国连接世界的新型贸易之路，其核心价值是通道价值和战略安全。尤其在中国成为世界上第二大经济体、全球政治经济格局合纵连横的背景下，"21世纪海上丝绸之路"的开辟和拓展无疑将大大增强中国的战略安全。"21世纪海上丝绸之路"和"丝绸之路经济带"以及上海自贸区、高铁战略等都是在这个大背景下提出的。

"21世纪海上丝绸之路"的战略合作伙伴并不仅限于东盟，而是以点带线，以线带面，增进同沿线国家和地区的交往，将串起连通东盟、南亚、西亚、北非、欧洲等各大经济板块的市场链，发展面向南海、太平洋和印度洋的战略合作经济带，以亚欧非经济贸易一体化为发展的长期目标。由于东盟地处"21世纪海上丝绸之路"的十字路口和必经之地，将是新海丝战略的首要发展目标，而中国和东盟有着广泛的政治基础，坚实的经济基础，"21世纪海上丝绸之路"战略符合双方共同利益和共同要求。

共建"一带一路"，旨在促进经济要素有序自由流动、资源高效配置和市场深度融合，推动沿线各国实现经济政策协调，开展更大范围、更高水平、更深层次的区域合作，共同打造开放、包容、均衡、普惠的区域经济合作架构；致力于亚欧非大陆及附近海洋的互联互通，建立和加强沿线各国互联互通的伙伴关系，构建全方位、多层次、复合型的互联互通网络，实现沿线各国多元、自主、平衡、可持续的发展。

共建"一带一路"符合国际社会的根本利益，彰显人类社会共同理想和美好追求。其互联互通项目将推动沿线各国发展战略的对接与耦合，发掘区域内市场的潜力，促进投资和消费，创造需求和就业，增进沿线各国人民的人文交流与文明互鉴，让各国人民相逢相知、互信互敬，共享和谐、安宁、富裕的生活。

☞启动"一带一路"的国内背景

从中国自身发展情况来看，当前中国产能过剩、外汇资产过剩；油气资源、矿产资源对国外的依存度高；工业和基础设施集中于沿海，如果遇到外部打击，容易失去核心设施。因此，加强经济建设不仅是自身的需要，也和世界经济高度关联。

推进"一带一路"建设既是中国扩大和深化对外开放的需要，也是加强和亚欧非及世界各国互利合作的需要，中国愿意在力所能及的范围内承担更多责任义务，为人类和平发展做出更大的贡献。

☞"一带一路"构想的提出

2013年9月7日上午，中国国家主席习近平在哈萨克斯坦纳扎尔巴耶夫大学作演讲，提出共同建设"丝绸之路经济带"。同年9月和10月，习近平在出访中亚和东南亚国家期间，先后提出共建"丝绸之路经济带"和"21世纪海上丝绸之路"的重大倡议，得到国际社会的高度关注。中国国务院总理李克强参加2013年中国—东盟博览会时强调，铺就面向东盟的"海上丝绸之路"，打造带动腹地发展的战略支点。

习近平提出的加快"一带一路"建设，有利于促进沿线各国经济繁荣与区域经济合作，加强不同文明交流互鉴，促进世界和平发展，是一项造福世界各国人民的伟大事业。

❖ "一带一路" 的意义和影响

"一带一路"的战略构想，不仅明确了对外开放的新路径，同时将成为中国经济新的增长点。"一带一路"构想寄托着多层次的区域合作愿景，对于丝绸之路中国国内段和国际段都有着重要的发展意义，并由此产生了重要影响。

☞ **"一带一路"的意义**

"一带一路"战略是引领未来中国西部大开发、实施向西开放战略的升级版。西部地区拥有中国72%的国土面积、27%的人口，与13个国家接壤，陆路边境线长达1.85万公里，但对外贸易的总量只占中国的6%，利用外资和对外投资所占比重不足10%。因此，中国扩大对外开放最大的潜力在西部，拓展开放型经济广度和深度的主攻方向也在西部。西部大开发已实行了15年，取得了前所未有的成就，而基于"一带一路"战略的未来西部大开发，需要建立在对内对外开放的基础上，通过扩大向西开放，使中国西部地区与中亚、南亚、西亚的贸易往来和经济合作得以加强。"丝绸之路经济带"是中国形成全方位对外开放格局、实现东西部均衡协调发展的关键一环。

"一带一路"的战略构想符合上海合作组织框架下区域经济合作发展的新方向。中国与上海合作组织正式成员的中亚国家、俄罗斯等都面临经济发展的重大任务，安全与合作是推动组织发展的两个"轮子"，而区域经济合作已成为该组织元首峰会和总理会议的重要议题。此外，"丝绸之路经济带"

与欧亚经济共同体存在一定的互补性。特别是欧亚经济共同体和上海合作组织成员国、观察员国地跨欧亚、南亚、西亚，有一定重合，大都处于"丝绸之路经济带"之间，通过加强上海合作组织同欧亚经济共同体的合作，有关国家都可获得更大发展空间。

"一带一路"战略构想的意义还在于，它展现了中国发展区域共赢合作的新理念、新蓝图、新途径和新模式。构想提出"丝绸之路"沿线国家合力打造平等互利、合作共赢的"利益共同体"和"命运共同体"的新理念；描绘出一幅从波罗的海到太平洋、从中亚到印度洋和波斯湾的交通运输经济大走廊，东西贯穿欧亚大陆，南北与中巴经济走廊、中印孟缅经济走廊相连接的新蓝图。构想通过加强政策沟通、道路联通、贸易畅通、货币流通、民心相通等新途径，以战略协调、政策沟通为主，不刻意追求一致和强制性的制度安排，与现有的区域合作机制如上海合作组织、欧亚经济共同体、亚太经合组织、东盟、海合组织和欧盟等合作协调发展，可谓讲求实际、高度灵活、富有弹性。中国将以带状经济、走廊经济、贸易便利化、技术援助、经济援助、经济一体化等各种可供选择的方式与沿线国家共同推进欧亚区域经贸发展，这种创新的合作模式，可以使欧亚各国经济联系更加紧密，相互合作更加深入，发展空间更加广阔。

☞ **"一带一路"的影响**

在国际影响方面，"一带一路"战略构想虽存在一些风险和挑战，但沿线国家加强与中国合作是大势所趋。实施策略将从现有区域合作机制着手，把这些国家和地区串联起来，搭建战略平台，携手重现"海上丝绸之路"的繁荣，促进沿线国家的经济发展与共同富强。不仅保证了中国的国际战略安全，并能让沿线国家和中国互惠互利。

在国内影响方面，"一带一路"战略构想是我国深化改革、产业升级的一个强大驱动力。同时，通过开辟这一通道，人才、技术、资金等市场要素的交流渠道将得到更大拓展，将大大弥补我国在创新意识和某些领域的短板，从而为以经济体制改革为主导的全面深化改革提供突破点。其中上海自由贸易区是"一带一路"战略能否成功的先导。

上海自由贸易区的试验将对国家战略层面的"两带一路"（长江经济带、"丝绸之路经济带"和"21世纪海上丝绸之路"）的推动产生深远影响，因为无论之于长江经济带，还是之于"丝绸之路经济带"或"21世纪海上丝绸之路"，上海均处于核心要冲位置，故而经由上海自由贸易区的试验从而将上海国际金融中心和国际贸易中心的地位进一步夯实，让上海在"两带一路"国家战略中发挥画龙点睛作用。但仅凭借上海自由贸易区很难支撑起"两带一路"国家战略所涉及的广阔半径，而"丝绸之路经济带"则恰恰拓宽至我国西部地区和西亚各国，"21世纪海上丝绸之路"更是延伸至我国和东盟十国。

上海自由贸易区的样板示范效应，将远远大于其对区域经济的拉动效应。正是基于此，上海自由贸易区把制度创新作为核心任务，以形成可复制、可推广的制度成果为着力点，在上海自由贸易区"试验田"运行一段时期后，在总结其所取得的经验和教训的基础上，未来我国将有可能在多个城市进行自由贸易区扩容复制、推广。

❖ "一带一路" 的三重使命

"一带一路"是指中国与丝路沿途国家分享优质产能，共商项目投资、共建基础设施、共享合作成果，内容包括道路联通、贸易畅通、货币流通、政策沟通、人心相通"五通"，肩负着三大使命。

☞探寻经济增长之道

"一带一路"是在后金融危机时代，作为世界经济增长火车头的中国，将自身的产能优势、技术与资金优势、经验与模式优势转化为市场与合作优势，实行全方位开放的一大创新。通过"一带一路"建设共同分享中国改革发展红利、中国发展的经验和教训。中国将着力推动沿线国家间实现合作与对话，建立更加平等均衡的新型全球发展伙伴关系，夯实世界经济长期稳定发展的基础。

☞实现全球化再平衡

传统全球化由海而起，由海而生，沿海地区、海洋国家先发展起来，陆上国家、内地则较落后，形成巨大的贫富差距。传统全球化由欧洲开辟，由美国发扬光大，形成国际秩序的"西方中心论"，导致东方从属于西方，农村从属于城市，陆地从属于海洋等一系列不平衡、不合理效应。如今，"一带一路"正在推动全球再平衡。

"一带一路"鼓励向西开放，带动西部开发以及中亚、蒙古等内陆国家和地区的开发，在国际社会推行全球化的包容性发展理念；同时，"一带一路"是中国主动向西推广中国优质产能和比较优势产业，将使沿途、沿岸国家首先获益，也改变了历史上中亚等"丝绸之路"沿途地带只作为东西方贸易、文化交流的过道而成为发展"洼地"的面貌。这就超越了欧洲人所开创的全球化造成的贫富差距、地区发展不平衡，推动建立持久和平、普遍安全、共同繁荣的和谐世界。

☞开创地区新型合作

中国改革开放是当今世界最大的创新，"一带一路"作为全方位对外开放战略，正在以经济走廊理论、经济带理论、21世纪的国际合作理论等创新经济发展理论、区域合作理论、全球化理论。"一带一路"强调共商、共建、共享原则，超越了马歇尔计划、对外援助以及"走出去"战略，给21世纪的国际合作带来新的理念。

例如，"丝绸之路经济带"概念就是对地区经济合作模式的创新，它不同于历史上所出现的各类"经济区"与"经济联盟"，而是具有灵活性高、适用性广以及可操作性强的特点，各国都是平等的参与者，本着自愿参与、协同推进的原则，发扬古丝绸之路兼容并包的精神。

❖ "一带一路"的原则与合作

"一带一路"倡议是谋求共同发展的一种理念，目的是合作共赢，它不是传统意义上的有形区域合作模式，也不是要另起炉灶建立组织或机构。它的原则与合作机制具有高度的开放性、灵活性、机动性和包容性。

☞ "一带一路" 的建设原则

"一带一路"建设秉承的是共商、共享、共建原则。具体包括以下五个方面：

一是恪守联合国宪章的宗旨和原则。遵守和平共处五项原则，即尊重各国主权和领土完整、互不侵犯、互不干涉内政、和平共处、平等互利。

二是坚持开放合作原则。"一带一路"相关的国家基于但不限于古代"丝绸之路"的范围，各国和国际、地区组织均可参与，让共建成果惠及更广泛的区域。

三是坚持和谐包容原则。沿线国家和地区人文环境多样复杂，不同宗教、不同民族、不同地区在千百年里形成了各自的思维方式、行为方式和生活方式。因此，要倡导文明宽容，尊重各国发展道路和模式的选择，加强不同文明之间的对话，求同存异、兼容并蓄、和平共处、共生共荣，为共建"一带一路"做出贡献。

四是坚持市场运作原则。遵循市场规律和国际通行规则，充分发挥市场在资源配置中的决定性作用和各类企业的主体作用，同时发挥好政府的作用。

五是坚持互利共赢原则。兼顾各方利益和关切，寻求利益契合点和合作最大公约数，体现各方智慧和创意，各施所长，各尽所能，把各方优势和潜力充分发挥出来。

☞ "一带一路" 的合作机制

"一带一路"战略构想是我国根据区域经济一体化和经济全球化的新形势提出的跨区域经济合作的创新模式，也是中国面对经济全球化的应对策略。

根据具体情况，主要通过以下三种合作机制共建"一带一路"：

一是沟通机制。通过加强双边合作，开展多层次、多渠道沟通磋商，推动双边关系全面发展。推动签署合作备忘录或合作规划，建设一批双边合作示范区。建立完善双边联合工作机制，研究推进"一带一路"建设的实施方案、行动路线图。充分发挥现有联委会、混委会、协委会、指导委员会、管理委员会等双边机制作用，协调推动合作项目实施。

二是合作机制。充分发挥沿线现有的多边合作机制的作用，发挥上海合作组织、中国—东盟"10+1"、亚太经合组织、亚欧会议、亚洲合作对话、亚信会议、中阿合作论坛、中国—海合会战略对话、大湄公河次区域经济合作、中亚区域经济合作等现有多边合作机制作用，相关国家加强沟通，让更多国家和地区参与"一带一路"建设。

三是平台机制。继续发挥沿线各国区域、次区域相关国际论坛、展会以及博鳌亚洲论坛、中国—东盟博览会、中国—亚欧博览会、欧亚经济论坛、中国国际投资贸易洽谈会，以及中国—南亚博览会、中国—阿拉伯博览会、中国西部国际博览会、中国—俄罗斯博览会、前海合作论坛等平台的建设性作用。支持沿线国家地方、民间挖掘"一带一路"历史文化遗产，联合举办专项投资、贸易、文化交流活动，办好"丝绸之路（敦煌）国际文化博览会"、"'丝绸之路'国际电影节"和"图书展"。倡议建立"'一带一路'国际高峰论坛"，共同探讨共建"一带一路"事宜。

❖ "一带一路"下的中国态势

推进"一带一路"建设，中国将展现"一带一路"下中国各地方开放态势，充分发挥国内各地区比较优势，实行更加积极主动的开放战略，加强东中西互动合作，全面提升开放型经济水平。

☞西北、东北地区的态势

发挥新疆独特的区位优势和向西开放重要窗口作用，深化与中亚、南亚、西亚等国家交流合作，形成"丝绸之路经济带"上重要的交通枢纽、商贸物流和文化科教中心，打造丝绸之路经济带核心区。发挥陕西、甘肃的综合经济文化和宁夏、青海的民族人文优势，打造西安内陆型改革开放新高地，加快兰州、西宁开发开放，推进宁夏内陆开放型经济试验区建设，形成面向中亚、南亚、西亚国家的通道、商贸物流枢纽、重要产业和人文交流基地。发挥内蒙古联通俄罗斯、蒙古的区位优势，完善黑龙江对俄罗斯铁路通道和区域铁路网，以及黑龙江、吉林、辽宁与俄罗斯远东地区陆海联运合作，推进构建北京—莫斯科欧亚高速运输走廊，建设向北开放的重要窗口。

☞西南地区的态势

发挥广西与东盟国家陆海相邻的独特优势，加快北部湾经济区和珠江—西江经济带开放发展，构建面向东盟区域的国际通道，打造西南、中南地区开放发展新的战略支点，形成"21世纪海上丝绸之路"与"丝绸之路经济带"有机衔接的重要门户。发挥云南区位优势,推进与周边国家的国际运输通道建设,打造大湄公河次区域经济合作新高地,将其建设成为面向南亚、东南亚的辐射中心。推进西藏与尼泊尔等国家的边境贸易和旅游文化合作。

☞沿海和中国港澳台地区的态势

利用长三角、珠三角、海峡西岸、环渤海等经济区开放程度高、经济实力强、辐射带动作用大的优势,加快推进上海自由贸易试验区建设,支持福建建设"21 世纪海上丝绸之路"核心区。充分发挥深圳前海、广州南沙、珠海横琴、福建平潭等开放合作区作用,深化与中国港澳台地区合作,打造粤港澳大湾区。推进浙江海洋经济发展示范区、福建海峡蓝色经济试验区和舟山群岛新区建设,加大海南国际旅游岛开发开放力度。加强上海、天津、宁波—舟山、广州、深圳、湛江、汕头、青岛、烟台、大连、福州、厦门、泉州、海口、三亚等沿海城市港口建设,强化上海、广州等国际枢纽机场功能。以扩大开放"倒逼"深层次改革,创新开放型经济体制机制,加大科技创新力度,形成参与和引领国际合作竞争新优势,成为"一带一路"特别是"21世纪海上丝绸之路"建设的排头兵和主力军。发挥海外侨胞以及中国香港特别行政区、中国澳门特别行政区独特优势作用,积极参与和助力"一带一路"建设。为中国台湾地区参与"一带一路"建设做出妥善安排。

☞内陆地区的态势

利用内陆纵深广阔、人力资源丰富、产业基础较好等优势,依托长江中游城市群、成渝城市群、中原城市群、呼包鄂榆城市群、哈长城市群等重点区域,推动区域互动合作和产业集聚发展,打造重庆西部开发开放重要支撑和成都、郑州、武汉、长沙、南昌、合肥等内陆开放型经济高地。加快推动长江中上游地区和俄罗斯伏尔加河沿岸联邦区的合作。建立中欧通道铁路运输、口岸通关协调机制，打造"中欧班列"品牌，建设沟通境内外、连接东中西的运输通道。支持郑州、西安等内陆城市建设航空港、国际陆港，加强内陆口岸与沿海、沿边口岸通关合作，开展跨境贸易电子商务服务试点。优化海关特殊监管区域布局，创新加工贸易模式，深化与沿线国家的产业合作。

事实上，中国政府一直致力于积极推动"一带一路"建设，加强与沿线国家的沟通磋商，推动与沿线国家的务实合作，实施了一系列政策措施，包括高层引领推动、签署合作框架、推动项目建设、完善政策措施、发挥平台作用等，并且已经收获了早期成果。

❖ "一带一路"金融合作与机会

金融是现代经济的血脉，扩大金融合作是促进区域经济融合的重要内容。在推进"一带一路"建设过程中，金融是"牛鼻子"，会发挥引导资源配置和优化投资效果的重要作用，同时也给国内金融业带来机会。

☞ "一带一路"上的金融合作

"一带一路"建设需要大量的融资支持，经贸合作也将形成大量的货币流转，资金融通是推进"一带一路"建设的重要支撑。因此，金融合作是"一带一路"的重点合作内容之一。

加强与"一带一路"沿线各国在资金融通领域的合作非常重要。对此，"一带一路"建设工作领导小组办公室负责人在 2015 年 3 月 28 日回答记者采访时表示，一方面，要深化金融合作，推进亚洲货币稳定体系、投融资体系和信用体系建设。扩大沿线国家双边本币互换、结算的范围和规模。推动亚洲债券市场的开放和发展。共同推进"亚投行"、金砖国家开发银行筹建，有关各方就建立上海合作组织融资机构开展磋商，加快丝路基金组建。深化中国─东盟银行联合体、上海合作组织银行联合体务实合作，以银团贷款、银行授信等方式开展多边金融合作。支持沿线国家政府和信用等级较高的企业以及金融机构在中国境内发行人民币债券。符合条件的中国境内金融机构和企业可以在境外发行人民币债券和外币债券，鼓励在沿线国家使用所筹资金。另一方面，加强金融监管合作，推进在区域内建立高效监管协调机制。积极与有关国家共同完善风险应对和危机处置制度安排，构建区域性金融风险预警系统。加强征信管理部门、征信机构和评级机构之间的跨境交流与合作。充分发挥丝路基金以及各国主权基金作用，引导商业性股权投资基金和社会资金共同参与"一带一路"重点项目建设。

此外，全国政协委员、中国工商银行副行长张红力认为，为进一步深化对外开放，要将"活用金融"和"用活金融"相结合，更好更快地推动"走出去"。为此，他在全国政协十二届一次会议递交的提案中提出九点建议：①在国家经略的顶层设计方面，充分发挥金融作为国家软实力的先行优势和引领作用；②在"走出去"过程中，加强金融"软实力"（即金融人才）的培养和输出；③重视在"走出去"过程中贯彻"底线思维"；④加快在上海自由贸易区或前海设立离岸证券交易市场（国际板）；⑤丰富"走出去"模式，用好政府主导模式，用活市场主导模式，引导并鼓励"走出去"企业重视投资综合效应、融入当地社会、实现长期合作与共同发展；⑥更好地运用市场力量、广泛采用可行的变通做法，充分挖掘"走出去"潜力；⑦建议"中国企业走到哪里，中国的金融服务就应该先行延伸到哪里"；⑧在"走出去"过程中，倡导"绿色投资"；⑨充分发挥政策性金融机构与商业银行的协调配合作用，形成中国金融业对"一带一路"国家战略的引领支持合力。

☞国内金融业大有可为

"一带一路"建设总体方案已经过多轮修改，公开资料显示，在金融支持方面，银行、证券、保险等各类机构已将"一带一路"视作施展拳脚的机会，均在寻求适合自身特点的投资模式，并提前研判获取收益的时间窗口。在鼓励金融支持实体经济的背景下，金融业正面临一个更为广阔的资金运用和创新空间。

银行方面，商业银行的跨境金融服务，是中国企业在"一带一路"沿线进行投资经营活动必需的支持和保障。为此，商业银行正在进一步放松相关管制政策，提升跨境金融服务能力，简化在境外设立分支机构及并购的审批核准手续，鼓励支持其在"一带一路"沿线国家和地区进行业务布局。同时，为鼓励商业银行对企业在"一带一路"区域内的项目提供融资和担保，对符合条件的项目贷款适当调低风险权重，扩大商业银行短期外债指标，并将对外承包工程保函风险专项资金、出口优惠买方信贷等支持政策扩展至股份制商业银行。

证券方面，"一带一路"战略实施是券商等金融机构"走出去"的好时机。新"国九条"提出要进一步提高证券期货行业的对外开放水平。证券业的开放既包括机构设立的双向开放，也包括业务的跨境服务。应支持、鼓励有条件的证券金融机构"走出去"，设立、收购金融机构，为中国装备制造走向世界，为落实"中国制造2025"行动计划，为实施"一带一路"战略提供金融服务。此外，证券业也在考虑设立离岸证券交易市场，服务国家"一带一路"战略，以加快沿线国家实体经济与中国资本市场直接对接。有人建议在上海自由贸易区或广东前海推出离岸证券交易市场（即"国际板"），通过相应制度设计吸引"一带一路"沿线国家的重点企业赴中国上市。

保险方面，保险业在"一带一路"投资项目中有望成为突破口，保险作为长期资金的金融支持和风险保障功能亦将发挥作用。保险作为市场化的风险管理与资金融通机制，可为"一带一路"建设提供重要支撑与保障，因此应进一步支持保险业尤其是大型保险金融集团"走出去"，支持中资保险公司进一步拓展保险资金境外运用的范围和形式，提升保险资金配置效率。监管部门已经开始酝酿保险业参与"一带一路"的支持方案。

这里需要提及的是，由于"一带一路"沿线国家的政治、经济、文化差异较大，"一带一路"中金融风险也是存在的。因此，中国企业包括金融业企业在"走出去"的过程中，应深入研究沿线重点国家的利益诉求和项目信息，制定重点国别相关规划，瞄准重点国家、行业、项目精准发力。

第八章 金融文化：大国金融 贵在诚信

实现由金融硬实力平面扩张的金融大国向金融软实力立体提升的金融强国转变，需要加强金融文化建设，这是打造大国金融的一项"灵魂工程"。应当不懈地探索金融文化的精髓，健全现代金融文化体系，以金融文化的繁荣带动中国金融业的发展，以金融文化的繁荣贡献于文化建设的发展和繁荣。

❖ 金融文化及其核心价值

在中国金融国际化的步伐加快以及美国次贷危机的情况下，中国的企业应该建立怎样的文化，金融人才能立足于国际国内两个市场，参与展现中华文化的魅力？应该从金融本身出发，才能形成有金融特色的企业文化，才能真正形成金融业的竞争力。所谓从金融本身出发，就是真正理解什么是金融文化，理解金融文化的核心价值。

☞金融文化的含义

金融文化，实际上是金融机构或者是金融活动中的文化。基于这样的理解，金融文化应该表达金融自身的文化。除了经济学、金融学之外，本身的结构、内容和机制也有文化的含义，可以给金融自身的发展做出文化的评价，如金融的文化功能、金融全球化的含义等。

金融文化，不是简单意义上的将"金融"、"文化"两者合并，而是杠杆的支点，托起金融文化，引领人们价值观的取向。金融是基于道德文化的行业，经典作家称金融是道德的事物，如果用两个字表述，金融文化即"诚信"。金融的本质是信用，这才是金融的本质特征和内在含义。

☞金融与文化的关系

金融与文化的关系，是灵魂和躯体的关系。经济是一个国家的躯体，文化是一个国家的灵魂。先有躯体，后有灵魂。既不能"魂不附体"，又要"体内生魂"。

金融文化源于金融实践，又反过来指导金融实践，最后又随着金融实践的发展而发展。没有金融文化的繁荣，高速发展的金融产业就不太完整，更会留下遗憾。金融文化并非是点缀，而是金融业发展的必然产物。因此，金融文化建设作为重要课题，日益被提到各金融机构的议事日程上。未来在金融产品和服务不断创新与发展的基础上，将更多地依靠金融文化的广泛传播和多层渗透，以实现持久和强劲的发展态势。

☞金融文化的核心价值

金融与大众生活息息相关，它的影响范围颇为广泛，大至国家经济，小至百姓生活，我们已经不能忽视它给我们生活乃至文明带来的千变万化。

金融文化的核心价值有三个。

第一是信任，这是金融产生的文化基础。对金融的概念仁者见仁、智者见智，无论在欧美还是在中国，对它的含义都有定义。我国1915年出版的辞典解释说，金钱之流通状况为金融，就称"银根"，各种银行、票房为金融机构。在西方的含义也是多样的，有包括财政的，有公司金融的，有金融市场的，现代金融学也指出，凡是涉及货币、信用以及货币和信用集在一起的所有交易行为、所有定义归纳为三个词，就是货币、信用和交换，金融是货币和信用的交换活动。货币产生于商品交换中，是一种支付媒介，满足了人们进行商品交换的客观需要和客观公正的需求。

从信用来讲，信用也是产生于民间物品的借贷，是与信用权的转移相联系的。在生产者和消费者之间常常造成不便。美国的著名学者说，信用是货币的创造者，著名的德国社会学家韦伯也说，信用就是金钱，如果有人把钱借给我，到期之后又取不回，那么他就把利息给了我，或者在这段时间里，可将这笔钱的利息给我。借贷活动从商品市场的买卖到资本市场的借贷，无一不体现了信任，没有信任就没有交换，没有信任市场经济就不能正常运行。全球金融危机和欧债危机都证明了信任的重要性。

应该说这些金融产品的发展过程，充分体现了人们对货币、对信用的一致认同，认同就是信任的含义，有信任也就有信用，而且这种认同、信任，是一个不断从底层到高层的发展过程，也是从实物的信任到虚拟的信任，从个人的信任到社会的信任，无论怎么变化，这些货币都具有信用的公共性、价值的稳定性，都有人的诚实、守信等丰富的道德内涵。

第二是守信，这是金融交换活动的基础。在微观层面上，金融表面是金融机构和投资人金钱的交换行动，形式上价值的交换活动和权利的交换活动，但是它的内涵是一种道德的交换活动。因为金融市场的道德决定了金融交换，金融的真实性、可信性、内涵价值的体现都是交换的前提。

有的人信誉好，不仅能借到钱，而且能借到很多钱，并且成本特别低，这就是诚信的经济价值和收益。而且守信的品德高低影响风险的大小。另外，在交换活动中，交易者是否遵守交换的规则，也能对金融的交换活动产生重要影响。

第三是共赢，这是金融文化的目标。金融是通过个人、国家机构、精神交换，达到资源共享的效果。使单个的人和机构更好地度过精神紧张、经济压抑的时期，促进社会的发展。任何社会中，个人的收入风险和能力都会不同，使他们都能够通过交换达到互相配置资源的效果，这才是金融的根本特征。金融是一种复杂的社会活动，涉及各个方面，从外部来看，金融与政治、经济、科技密切相关，相互影响；从内部来看，具体到每一项金融活动，每一个金融产品，都是多方经济关系、法律关系、人与人的关系、人与机构关系的综合体。

随着世界经济全球化和一体化的速度加快，金融国际化已是明显的趋势，利益的共赢是全球金融业共同的诉求和希望。也只有共赢的文化才能实现国际金融的合作和共同发展。因此金融业共赢文化的内涵是平等相待，团结合作，共同分享。

中国企业建设金融文化，一方面是每一个金融企业和金融人对自身严格要求；另一方面是国家和社会层面应该有更多关注、更多安排，才能促进自律，提升中国的金融形象和水平。

❖中国金融文化的基本内涵

改革开放以来，中国金融业在业务发展、法治建设、管理水平、体制转轨、服务社会等"形而下"层面的进步，在"形而上"层面都映射着金融文化的影子。改革、发展、安全、管理、诚信、法治、服务、效率、和谐、幸福，应该是今天中国金融文化的"主题词"。

☞中国金融文化的内涵

中国光大银行股份有限公司董事长唐双宁将中国金融文化的基本内涵概括为"利、法、信、义、道"。金融企业不讳言以盈利为目的，但"利"要以"法"为约束，要以"信"、"义"为前提，要以"道"为基础。在目标上体现为"利"，在行为上体现为"法"，在他人体现为"信"，在社会体现为"义"，而这一切均体现为"道"。

正所谓"君子爱财，取之有道"。唐双宁认为，小才通技，中才通策，大才通略，超才通道。那么"道"是什么？"道可道，非常道"，它在一定意义上是宇宙的普遍规律，是人类的特有智慧，也可以说更是中国文化的特殊现象。他还提出一个应对金融危机"小胜靠力，中胜靠智，大胜靠德，全胜靠道，道乃德、智、力之和"的观点，不妨也可以作为其对"金融之道"、"金融文化"的某种理解。他认为中国金融文化现阶段也可以表述为：诚信为本、依法经营，科学管理、安全第一，改革发展、以信取利，服务社会、全员和谐，谋略通道、融入世界。

由此可见，身处其中的金融人运用自己的金融知识熟练地运作着这个行业，他们所承担的责任和任务直接关系每个人的切身利益。与此相应，金融人也就需要一份精神文化的沉淀去熏陶、指引自己。

☞培育优秀金融文化应博采众长

一个民族的文化决定或影响着该国家具体领域的文化。中国传统文化博大精深，在物质分配与交换领域则主要体现为"诚信为本"、"重义轻利"、"君子爱财，取之有道"等。这是中国金融文化发展的土壤。中国传统文化更为崇尚道德、集体利益，西方文化更为崇尚法律、个体自由。中西文化应当互补短长，共取各自精华，共弃各自糟粕。

在长期实践中，国际金融业形成了自己的主流正面文化，如法制文化、体制文化、创新文化、敬业文化等，国际金融同行的依法办事精神、体制治理精神、创新精神、敬业精神等值得我们学习。与此同时，当前国际金融文化亦存在诸多弊端，如利信问题、虚实问题、王霸问题等。

金融本以信用为基础，然而国际金融业已然出现罔顾信义、唯利是图的现象，其中尤以华尔街此次金融危机中的表现最为典型（麦道夫骗局、庞氏骗局）。这是利信问题。

金融本属虚拟经济，应与实体经济协调发展，然而国际金融业已然普遍存在创新无度文化（全球金融衍生品已达600万亿~700万亿美元），与实体经济的发展严重失衡。这是虚实问题。

金融涉及各国共同利益，本应着眼宏观全局，谋取共赢之道，然而国际金融业霸权文化盛行，其中尤以此前美联储量化宽松政策为甚。拳头第一，丛林法则，布雷顿森林体系"双挂钩"就是如此。这是王霸问题。

这些表现实质上是国际金融文化扭曲，也是国际政治生态（强权政治）

在金融领域的具体反映。这次全球金融危机本质上是金融文化的危机。因此，我们在学习国际先进经验的过程中，应该辩证思考，除弊兴利，培育出属于中国的优秀金融文化。

❖ 中国金融企业的金融文化建设

当前，许多金融企业把文化建设作为发展战略的重要内容来抓，并取得了较为突出的成绩。但有的金融企业在文化建设实践中，开始时热情高涨，一段时间后又冷淡低落，最后不了了之，浪费了大量的人力、物力。为此，需要在这里对建成怎样的文化及如何建设问题进行探究。

☞ 建成什么样的金融文化

一个金融企业建成什么样的文化，既在一定程度上反映它的精神面貌，又可从侧面体现它的发展形态。好的企业必定有好的文化，好的文化也必定会促进企业的良好发展。企业好坏在很大程度上取决于这个企业文化的好坏。有人曾讲，好的企业是一所育人的学校，让人从中学到更多的知识，学会为人处事，提升专业能力；好的企业是一座教堂，让人形成信仰、培育精神，给人希望；好的企业还是一个"百花园"，各类人才像百花一样齐放，争奇斗艳。而之所以会有这种效果，关键是好的企业文化在起作用。好的企业文化是构成好企业的重要元素。从金融行业特性来说，金融企业的文化至少应该包含以下几项内容：

一是诚信，要建设以诚为本、信诺千金的信用文化。信用是立国之本、立身之道、立业之基，现代金融更是建立在信用基础之上。没有信用就不会有金融的出现，更不会有金融的发展。金融是信用的产物，更是信用的推动者和最大的受益者。相反，信用的缺失对金融业的打击是最大的，受到损害最大的也是金融业。因此，金融业要高度重视信用文化的树立和强化，要成为守信的典范，要为社会信用的建设和发展做出积极的贡献。

二是责任，要建设敢于负责、勇于担当的责任文化。金融是社会公众行业，享受着国家各种政策的支持，因此要有强烈的社会责任感，把责任文化作为金融文化的一项重要内容。金融业不能只为一己之利或眼前利益而牺牲，或者放弃集体的利益、公众的利益或长远的利益，不要留下自私自利、为富不仁的不良社会印象。对员工，要培养和增强负责任的观念和意识。

三是合规，要建设"合规创造效益，合规保障发展"的风险文化。"依法、合规、审慎"是银行业的经营原则。金融特别是银行经营的就是风险，因此，防范和控制风险是永恒的主题，无论是信用风险、市场风险，还是操作风险或其他风险。依法经营、合规操作不仅是企业健康发展的重要保障，是防范风险最有效的手段，也是对员工自身最大的保护。

四是幸福，要建设快乐工作、幸福生活的"家文化"。相比其他行业，金融员工可能看起来工作环境较好，待遇较高，但市场竞争激烈、考核压力巨大，很多金融业员工为此频繁跳槽甚至转行。金融企业要充分认识到压力大给员工身心健康带来的影响，给员工家庭般的温暖关怀，在管理中坚持以人为本，尊重人的首创精神，提升人的幸福度，从而以更大的热情做好工作，实现价值。200多年前，歌德就说过"如果工作是一种乐趣，人生就是天堂；如果工作是一种义务，人生就是地狱"。

以上仅为金融企业文化的共同点，金融企业还应根据实际情况，建设富有自身特色的个性文化。当然，任何企业文化都要符合社会主义核心价值观，具体包括马克思主义指导地位，中国特色社会主义共同理想，以爱国主义为核心的民族精神和以改革创新为核心的时代精神以及社会主义荣辱观等。

☞如何建设金融文化

文化是积累和沉淀的过程和结果，但企业文化的建设必须要有理论的架构，要有核心的内容，要有建设的重点和目标要求，要有必要的引导、激励和约束。优秀企业文化的建设和形成，是一个长期的系统工程，至少要经历五个阶段或五个步骤。

一是党的领导。加强社会主义核心价值体系建设，推进社会主义文化的繁荣发展，是中共十七届六中全会做出的重大决定，是各级党组织的重要职责。因此金融机构的党组织要加强对金融文化建设的领导，并将其纳入重要日程，抓实、抓好、抓出成效。

二是领导重视。从企业文化的建设和推进的角度来说，企业文化是领导者的文化，是"一把手"的文化。领导是企业文化的掌旗者、布道者和实践者。领导者特别是"一把手"的带头和示范作用，对企业文化建设起着至关重要的作用。一方面，企业文化建设需要核心人物，没有领导对企业文化的高度重视，领导身体力行的示范带动及领导在企业建设上的强有力推动，就不可能形成良好的企业文化；另一方面，企业文化需要人格化，作为一种活的样板，给员工提供可供仿效的榜样。领导者最大的贡献，就是明确企业的价值体系，并将之融入组织文化，深植在每一名员工心中。

三是梳理凝练。从企业文化的内容角度来说，企业文化是理念文化、制度文化。建设企业文化首先要对所在企业多年形成的文化进行梳理，理清哪些是精华、优秀的，需要传承和发扬的；哪些是糟粕、劣根的，需要废除和摒弃的。其次，要根据现代企业的要求，根据企业的战略和目标追求，提炼出企业文化的核心：愿景、使命、核心价值观、职业道德观等。再次，要编制企业文化手册。企业文化建设不能依靠"本本"，但企业文化建设的前提是必须有"本本"，"无形"的企业文化要从"有形"企业文化手册开始。最后，要根据企业文化的要求，建立完善的制度体系，对现存的规章制度进行补充，融入和体现企业文化的内涵；没有的要重新建立，并在实践中不断完善，使企业文化看得见、摸得着、可操作、能落地。

四是教育引导。思想是行动的先导，只有认识到位行动才能自觉。要通过企业文化手册的学习、培训、研讨、拓展训练等形式，让全体员工认识、感知、认同自己的企业文化。既要掌握企业文化的内容，更要理解企业文化的内涵；既要掌握企业文化的要求，更要把握企业文化本质并付之于行动，让企业文化入眼、入脑、入心、入手。

五是监督约束。从企业文化的结果角度来说，是执行文化。真正的企业文化，应该是团队文化提炼、整合的结晶，要得到全体成员的认同和共同遵守。文化不在纸上，而在心中，更在于行动，知道更要做到。企业文化建设的过程，是打破"常规"的过程，是改变陈规陋习的过程，是由勉强到习惯的过程、由强制到自觉的过程。因此，要把理念变为行为，不仅需要教育、引导和激励，更需要强有力的监督和约束，甚至处罚，而且要长期坚持，使之慢慢形成习惯，逐步由"形"似达到"神"似。

金融文化建设不是空中楼阁，要落到实处。总结国内外金融文化的经验和教训，金融企业的基本模型是，以自律、制度、监管为主的建设系统，通过教育、自律、自控力、文化、制度、吸引力、组织、监控、约束力，形成一个三力并发的体系，才能真正形成有中国特色的金融企业文化。当然，罗马不是一天建成的。金融文化建设也绝非一日之工，需要所有人为此做出努力。

❖夯实金融根基，完善信用体系

金融信用，即提供贷款和产生债务。在许多场合，金融信用也可以指借债方偿还债务的信誉和能力。夯实金融根基，进一步完善金融信用体系，是我国金融崛起过程中必须练好的"内功"。

☞完善三大体系

一是构建有效运转辐射全球的投资交易与支付清算体系。有效运转、辐射全球的投资交易与支付清算体系，是金融现代化、国际化的"主动脉"。虽然在跨境人民币支付清算等方面我国取得了很大进展，但是目前我国在跨境人民币支付清算、跨境银行卡支付清算、境外投资交易与信息服务等领域明显落后，缺乏有力主导权。我国缺乏跨境人民币支付清算的核心系统且对 SWIFT 组织依赖性过强。中国银联是我国唯一的银行卡清算组织。经过多年的发展，在国内市场取得了骄人的成绩，在国际市场也开始崭露头角。但与国际卡组织强大的网络优势及成熟的数据分析能力相比，银联的国际竞争力尚有很大差距。特别是由于境外网络建设滞后，银联卡基本依靠国外商业机构网络系统跨境清算或通过发行带有 Visa 和 Master 标识的银行卡来实现消费清算。

二是构筑资产托管与信用评级体系。目前，全球托管市场主要被美资银行占据，市场集中度较高，仅纽约梅隆银行一家 2013 年第一季度的资产托管规模就达到 26.3 万亿美元。我国资产托管业务虽有一定发展，但同期国内银行业资产托管总规模仅约 5 万亿美元，且境外托管业务尚处于起步阶段，差距十分明显。长期以来，我国境外金融资产主要被外资银行托管。这种状况使得我国大量对外投资信息被外资银行控制，不利于国家金融信息安全。信用评级是金融体系中特殊的中介服务，影响一个国家的资产价格与金融市场稳定，乃至国家安全。穆迪、标准普尔和惠誉三大信用评级机构，在国际金融服务体系中长期占据垄断地位，拥有绝对话语权，但其评级模型被严格保密，其评级的独立性和客观性存疑。我国信用评级机构起步较晚，目前规模较大的全国性评级机构只有大公、中诚信、联合、上海新世纪等。而且美国三大信用评级机构通过股权收购、战略合作等方式逐步渗透甚至控制了部分评级机构。相反，美国国内市场对国外信用评级机构准入却非常苛刻。

三是巩固金融安全保障需要综合施策。构建跨境支付清算、全球资产托管和信用评级体系，巩固金融安全保障，需要综合施策。首先要加强顶层设计，实现金融发展与金融安全并重。在实现金融强国的道路上，不能片面追求速度和规模，应兼顾金融发展和金融安全，重视和加强顶层设计，有目标、有规划、有阶段地补强金融"软肋"，构筑安全之基。其次要注重资源统筹、实现政府主导与银行参与并建。政府在跨境支付清算、全球资产托管和信用评级建设中要起主导作用，但同时要注重依托商业银行等金融机构的现有发展基础。再次要大力支持国产金融服务，实现技术引进与国产优先并用。例如，可规定我国境外投资的托管，应该优先使用中资银行全球托管服务或其提供的境内外主次托管服务；又如，中资企业海外发债，可至少要求国际评级机构和国内评级机构同时开展评级等。最后要集中优势力量，实现普遍提升与重点扶持并行。例如，应严格控制国内信用评级机构外资股权比例，明确限制外资机构业务范围，并加强对民族信用评级机构的支持力度，甚至可考虑更广泛地联合发展中国家共建与美国三大评级机构相抗衡的全球性信用评级机构。

☞完善金融信用体系的措施

一是银行业要带头维护信用秩序。①努力提高服务质量，建立和完善诚信金融服务体系。随着银行向现代化企业的转变，一方面，银行作为企业也要"重合同、守信用"，做出的承诺，一定要兑现；另一方面，要提高银行服务的质量和水平。②建立诚信的经营考核体系。建立诚信体系就要求银行端正经营意识与经营行为，摒弃不合理的以规模、总量为主的考核体系和考核指标，努力消除诱发各种制假造假的因素，要坚持依法经营与稳健经营相结合的原则。③建立失信惩戒机制和守信增益机制。一方面，银行要继续依法对逃废债企业采取惩戒措施，在落实债权的基础上，加强追偿力度；另一方面，通过大力支持守信企业发展等方式，提高企业及整个社会的信用意识。④建立以防范风险为主要内容的内控制度和工作业务规程。这包括贷款和对外交易支付的授权授信制度、财务成果分配和围绕以防范风险而设计的会计核算制度等，要把各个业务处理环节都置于制度监督之下。⑤要发挥银行在信用体系中的重要作用。要加快改革的步伐与力度，引入竞争机制和破产机制，进行股份制改造，明晰产权主体及其权责利；进一步推进银行公司治理结构的改革；完善内部治理结构后，分期分批上市，运用资本市场强化银行的内部激励机制和风险约束机制，促进商业银行在良好的信用环境中尽快发展壮大。

二是强化央行外部监管，增强服务功能。①加强人民银行的风险监管。要严格完善监管法规规章，尽可能避免制度缺陷。严格依法监管，执法必严，违法必究。应严把机构的市场准入关，建立一套机构设置的考核体系，把业务量、成本、经济效益、资本金或营运资金、内控制度及主要负责人的拟任资格等因素都纳入该体系，加强机构的业务监管，建立一种平等的竞争机制，使其在界定的业务范围内合法、稳健经营与发展。②要继续发挥金融债权联席会议的作用，严厉打击各种恶意逃废银行债务的行为，坚持系统内贷款企业信用状况定期通报制度，加强对企业信用状况的监督。③继续加大商业承兑汇票的试点工作，重构良好的银企关系，让更多的企业充分认识到"信用就是财富"、"信用就是无形资产"，从而真正建立起"银企双赢"的格局。④要完善和增强银行信贷登记咨询系统的功能。进一步提高信贷咨询系统的科技含量，不断优化和完善系统功能，建立企业、个人征信系统。督促商业银行凭贷款卡放贷，进一步建立完善还款记录制度。进一步充实借款企业信息，主动为金融机构提供信息服务，通过内部通报等方式加强风险提示。

三是注重实效，完善农村信用社内控机制。①进一步建立和完善信贷管理制度和办法，建立严格的审批制度和监督制约机制，防止"人情贷款"、"干预贷款"等现象的发生，有效提高信贷资产质量。②建立风险预警预报制度，有效防范和化解金融风险，防止出现金融风波，确保农村经济、金融安全、稳定，树立农村信用社的"信用"品牌，做农村信用环境的守信楷模。③建立优质服务制度，为农村经济提供全方位的服务，处理好支持地方经济发展和防范金融风险的关系，在积极有效的信贷运作中，与政府、企业及相关部门重塑良好信用关系，共同促进农村信用环境的根本好转。

四是制定、修改、完善金融信用行为法。①征信法，即建立企业资信制度和个人信用制度。我国目前关于企业、个人信用信息的法律、法规比较零散分布在不同的部门法。涉及工商、公安、税务、保险、银行、法院等十几个部门，因此迫切需要一部统一的征信法来规范信用信息的记录征集、调查的范围、程序以及传播方式、对象及时限等问题。此外，还应注意保护在开展征信活动中可能触及的企业、商业秘密和个人隐私。②信用控制法。随着信息技术的飞速发展，虚拟交易空间里交易双方的身份模糊化，交易主体之间的关系也随之多维化；同时由于网络纠纷等新的法律现象，知识产权法、税法、广告法等相关法律也需做相应的修改和完善。因此，要建立网上资信数据，建立有效的交易行为的信息传递，使金融机构清楚谁有信用，谁没有信用，并依此决定扶持谁，制约谁。③失信惩罚法。建立对失信企业、个人的惩罚机制，是金融信用体系链条中关键的一环，对于一切以利益为导向的"经济人"的制约，最有效的措施莫过于抓住一个"利"字。只有通过利益导向—激励约束机制，才能从根本上激活企业、个人的守信行为。失信惩罚机制实质上是增加失信的成本，使市场主体经过理性衡量后自觉选择守信。④完善社会监督网络，加强社会对银行信用的监督。主要是建立举报制度，鼓励社会各界对违反国家金融方针政策的行为进行举报。强化信息披露，提高透明度，强化市场约束。发挥会计、审计事务所及信用评估等中介机构的作用，委托其开展对金融机构的审计、检查和评估。

　　总之，金融强国的基本保障在于金融业自身稳健运行发展，而信用体系的进一步完善则是重中之重。换句话说，我国在和平崛起、从金融大国迈向金融强国的进程中，要高度重视金融安全问题，而跨境支付清算、资产托管与信用评级体系的建设需要得到特别关注。

❖ 从"金融大国"变"金融强国"

　　经过改革开放 30 多年的发展，我们实现了金融硬实力的平面扩张，成为金融大国，应该再转变为金融软实力立体提升的金融强国。怎么转？为了达到这个目的，要向三个方向努力：反思存在的问题；把握"八个第一"；培养一批勇于担当的金融家。

☞反思存在的问题

一是贪大求快文化。盲目攀比，片面求大求快，进而形成"唯规模"论，乱拉存款，乱比市场份额，乱比发展速度，酿成风险隐患。

二是粗放经营文化。贪大求快导致企业不是靠服务靠效率取胜，业务是跑关系跑出来的，人是挖出来的。这种粗放文化应该说是普遍存在的。

三是发展趋同文化。同质化严重，都要"做大做强"，都搞零售转型，都扎堆在长三角、珠三角、环渤海，千行一面，了无特色。

四是轻视信用文化。认识不到诚信是金融之本，是命根子，为抢市场份额无所不用其极。

五是轻视法规文化。许多机构、从业人员在市场竞争中存在侥幸心态，没有遵纪守法的自觉意识，违规现象非常普遍。

六是二元文化。中国金融发展中，东中西部、城乡金融等发展不平衡，形成"二元金融"和"二元金融文化"，而且已经见怪不怪了。

七是惩办文化。讲处罚多，讲教育少，形成惩办主义，而关系疏通好了又可以"放一马"。在这个问题上应当恩威并施，教育为主，处罚为辅。

八是照搬文化。改革开放固然要学习国外有用的东西，但也不能什么都照搬外国。例如我们的公司治理，既搬来英美的独董制，又搬来欧洲的监事会制，叠床架屋，重复劳动，增加成本，影响效率。

九是短视文化。不善于从战略、从长远、从全局考虑问题。金融业是技术性很强的工作，一定要懂技术，一定要细致，细节决定成败。但凡事都有两面性，我们的思维从战略上、长远上、全局上考虑问题不够。

十是"井蛙"文化。金融危机中盲目乐观，存在井底之蛙心态，缺少忧患意识。另外，只知金融不知其他，视野很窄，不知经济决定金融，不懂虚拟经济必须以实体经济为根。

☞把握"八个第一"

一是安全与发展并重，提倡发展，重视安全，安全第一。

二是竞争与服务并重，改善服务，文明竞争，服务第一。

三是德治与法治并重，提倡德治，并用法治，德治第一。

四是信任与管理并重，增进信任，加强管理，信任第一。

五是信用与效益并重，提倡信用，合规增效，信用第一。

六是信仰与约束并重，提倡信仰，兼以约束，信仰第一。

七是市场份额与员工幸福感并重，重视市场，更重视员工，员工幸福感第一。

八是谋技与通道并重，重视技术，更重"通道"，"通道"第一。

☞培养一批勇于担当的金融家

真正的金融家应当是对社会负责、严于律己、勇于担当的政治家。

真正的金融家应当是有思想而非空想，有信仰而非迷信，有理想而非理想"化"的思想家、哲学家。

真正的金融家应当是在金融这个特定领域精通专业、兼通其他，能够把握行业规律、掌控发展方向、带领行业前进的实干家。

真正的金融家应当是以社会为己任，以行业长远发展为己任，"苟利国家生死以，岂因祸福避趋之"，不在乎一时的利害得失，不计较个人的功名利禄。

其实上述三个方面中每一个都是大文章。但总的来说，建设金融文化，是一种生产力，是一项灵魂工程，关系到金融发展方式的转变进程，也关系到中国能否从金融硬实力平面扩张的金融大国转变为金融软实力立体提升的金融强国。我们应当不懈地探索金融文化的精髓，健全现代金融文化体系，以金融文化的繁荣带动中国金融业的发展，以金融文化的繁荣贡献于文化建设的发展和繁荣。

参考文献

［1］李迅雷等．我国新金融发展研究——背景、现状和政策［M］．北京：中国金融出版社，2013.

［2］杨胜刚．比较金融制度——新金融系列教材［M］．北京：北京大学出版社，2005.

［3］陈雨露，杨栋．世界是部金融史［M］．北京：北京出版社，2011.

［4］余治国．世界金融五百年（下）［M］．天津：天津社会科学院出版社，2011.

［5］（英）阿德利安·巴克莱．金融危机：成因、背景与后果［M］．王年咏译．大连：东北财经大学出版社，2013.

［6］（日）生命科学编辑团队．用地图看懂世界经济［M］．何月华译．北京：世界图书出版公司，2014.

［7］甘伯，哈克期．货币金融学（第九版）学习指导［M］．郑艳文，荆国勇译．北京：中国人民大学出版社，2011.

［8］张丽君．丝绸之路经济带构建与发展研究［M］．北京：中国经济出版社，2015.

［9］南怀瑾．漫谈中国文化：金融·企业·国学［M］．北京：东方出版社，2008.

后 记

2015 年 2 月 14 日，是情人节，然而在这一天，商界也出现了一个联姻——滴滴打车和快的打车宣布战略合并，趁着情人节在一起了。

智能手机用户应该都体验过滴滴打车或者快的打车的叫车服务，尤其是最近微信和支付宝的红包大战，送了很多滴滴打车和快的打车的优惠券，让很多平时挤公交车的网友也潇洒了一把。不过曾经互为死敌的滴滴打车和快的打车，在情人节居然走到了一起。

滴滴打车和快的打车的合并就是一个利好信号，一方面，双方会结束日益升级的用户争夺战，创造一个在打车和专车市场具有主导地位的公司；另一方面，两者优势资源整合后将带来快速增长。据《华尔街日报》报道，当滴滴打车和快的打车合并后，其市值将会达到 60 亿美元。

2015 年 4 月 17 日，58 同城发布公告，正式宣布与赶集网合并。根据双方协议，合并后，两家公司将保持品牌独立性，网站及团队均继续保持独立发展与运营。可以看出，房产、汽车是 58 同城及赶集网发展的重点领域。不论是通过投资或内部孵化，双方都试图深化业务模式，打通线下交易服务环节，形成更完整的生态链。在多年的激烈竞争后，58 同城战略投资赶集网，将有利于控制双方成本，提升盈利水平，同时加强协同效应，进一步在 O2O 方向上进行布局，深化原有的业务模式。

2015 年 5 月 7 日，中国南车和中国北车纷纷在股市停牌，而换股后中国南车将以"中国中车"复牌，中国北车将终止上市。于 2000 年由中国铁路机车车辆工业总公司一分为二的中国南车和中国北车，再一次合并，成立中国中车股份有限公司。这一合并有利于公司统一布局海外投资，避免资源浪费，提高投资效率。中国南车与中国北车按照"坚持对等合并、着眼未来、共谋发展，坚持精心谋划、稳妥推进、规范操作"的合并原则，技术上采取中国南车吸收合并中国北车的方式进行合并。从而进一步完善产品组合、充分发挥规模效应和协同效应、增强技术实力、优化全球产业布局和资源配置，进一步增强核心竞争力，加快建设成为具有国际竞争力的世界一流企业。

2015 年 5 月 6～8 日，全球领先的信息与通信解决方案供应商华为，携手中建材信息技术股份有限公司正式启动"携手中建共筑辉煌——2015 年超越梦想，携手 IT 著名企业 CEO 走进华为"活动，邀请包括电力、政府、医疗等重点行业的 60 多家合作伙伴走进华为全球总部——位于中国深圳的华为坂田基地，了解华为创新的 ICT 产品和解决方案，以及华为成功的 IT 实践，深入交流和探讨合作空间。

2015 年 5 月 14 日上午，国内住宅龙头万科企业股份有限公司与商业地产龙头大连万达集团股份有限公司在北京举行签约仪式，双方宣布，将基于长远发展考虑，本着"积极合作、携手共赢"的原则，建立战略合作关系。此次合作将是一场长期性合作，万达集团股份有限公司、万科企业股份有限公司未来将在国内和海外市场联合拿地、合作开发。

商业巨头强强联手进行合作，在一定程度上改变了当前业态。例如现阶段在电商领域阿里一家独大，京东紧随其后，其他电商尚无法撼动两位巨头的市场地位，所以必须走出差异化道路，方能站稳脚跟，万达集团股份有限公司此次高调进入电商领域就是证明。这种全方位的跨界、整合与创新，有利于发挥资源优势，从而形成新生态圈。

商业巨头联手合作对企业未来走向也将产生深远影响。华为将与客户及合作伙伴一起，开放合作，努力建构一个更加高效整合的数字物流系统，促进人与人、人与物、物与物的全面互联和交融，激发每一个人在任意时间、任意地点的无限机遇与潜能，推动世界进步与发展。

随着越来越多的合并消息传来，未来市场还将出现更多跨行业、跨国、跨模式的经营，例如携程网和芒果网就可以进行合并重组，如果两者合并将会成为超级 OTA，在行业占据绝对优势。再如，电信业中的中国联通和中国电信也可以进行合并，打造出中国国内或者国际通信领域的领导者。还有，如果中石化和中石油能够充分意识到这一点，想必会在世界行业中取得举足轻重的地位。

2015 年上半年的强强联手，表明未来的世界是一个全连接的社会。因此，在未来大国金融的形势下，大资本和大融合也将成为更多企业的未来方向。例如建筑、电力、铁路等产能过剩行业，都应该参与这种大规模式合并重组与整合，以此增强技术和管理创新能力，提升公司产业链整合能力。

无论是进步还是退步，我们都不得不承认企业重组合并的浪潮真的来了。在大国金融的形势中，企业也应该具备大企业金融意识。

是为后记，引以展望，希望给众企业以启示！

图书在版编目（CIP）数据

大国金融：大国经济需要大国金融/张秀娟著．—北京：经济管理出版社，2015.11

ISBN 978 - 7 - 5096 - 3990 - 0

Ⅰ.①大… Ⅱ.①张… Ⅲ.①金融—研究—中国 Ⅳ.①F832

中国版本图书馆 CIP 数据核字（2015）第 239324 号

组稿编辑：张　艳

责任编辑：张　艳　丁慧敏

责任印制：黄章平

责任校对：张　青

出版发行：经济管理出版社

　　　　　（北京市海淀区北蜂窝 8 号中雅大厦 A 座 11 层　　100038）

网　　　址：www. E - mp. com. cn

电　　　话：（010）51915602

印　　　刷：北京晨旭印刷厂

经　　　销：新华书店

开　　　本：720mm × 1000mm/16

印　　　张：12.75

字　　　数：162 千字

版　　　次：2016 年 1 月第 1 版　2016 年 1 月第 1 次印刷

书　　　号：ISBN 978 - 7 - 5096 - 3990 - 0

定　　　价：39.80 元